W0053279

ÜBER DEN AUTOR

Kai Blum wurde 1969 in Rostock geboren und hat in Leipzig Germanistik, Geschichte und Amerikanistik studiert. Nebenher schrieb er dort für eine Lokalzeitung. 1994 wanderte er in die USA aus und wohnte anfangs in Washington, D.C., und später in Virginia sowie South Dakota. Seit Ende der Neunziger Jahre lebt er in Michigan. Beruflich war er bisher u.a. im Buchhandel, in einer Bibliothek und vor allem im Internet-Bereich tätig. Gegenwärtig leitet er bei einer großen PR-Agentur in Detroit den Bereich Suchmaschinen-Marketing. Kai Blum erhielt Anfang 2006 die amerikanische Staatsbürgerschaft.

Von Kai Blum außerdem erhältlich:
Alltag in Amerika - Leben und Arbeiten in den USA (ISBN 978-3-934918-40-5)

1. Auflage
© 2009 Conbook Medien GmbH, Kaarst
Alle Rechte vorbehalten.

Umschlaggestaltung und Satz: David Janik
Druck und Verarbeitung: GGP Media GmbH, Pößneck
Umschlagbilder: © iStockphoto.com/Rehmo, /McAlpine

Printed in Germany

ISBN 978-3-934918-36-8

www.conbook-verlag.de

Der Autor hat alle Angaben und Fakten mit größtmöglicher Sorgfalt recherchiert und überprüft. Weder der Autor noch der Verlag können aber im Einzelfall eine Garantie für die Richtigkeit und Vollständigkeit des Inhalts übernehmen. Sollten Sie Änderungsvorschläge oder Anmerkungen haben, teilen Sie uns diese gerne mit. Lesermeinungen per eMail an feedback@conbook.de.

KAI BLUM

IMMOBILIEN IN DEN USA

RATGEBER FÜR ALLE ZUKÜNFTIGEN WOHNEIGENTÜMER

Vorwort

Ein eigenes Stück Amerika!

Mit dem Kauf einer Immobilie können auch Sie sich den *American Dream* erfüllen. Als Einwanderer sind Sie dabei in keiner Weise benachteiligt. Statistisch gesehen ist der Anteil der Wohneigentümer (d.h. vor allem Hausbesitzer) unter US-Bürgern, die in einem anderen Land geboren wurden, ungefähr genau so hoch wie unter jenen Menschen, die in den USA das Licht der Welt erblickt haben, nämlich rund 67 Prozent. Bei Leuten, die in Amerika leben, aber keine US-Staatsangehörige sind, liegt der Anteil der Wohneigentümer immerhin bei 33 Prozent.

Da der Kauf einer Immobilie mit einem erheblichen finanziellen Aufwand verbunden ist, gilt es, sich umfassend zu informieren, damit kurz- und langfristig keine Nachteile entstehen. Das gilt besonders, wenn man ein Haus oder eine Eigentumswohnung in ungewohnter Umgebung kauft und eine andere Sprache im Spiel ist. Dieser Ratgeber soll Ihnen helfen, sich mit den grundlegenden Gepflogenheiten und Begriffen der amerikanischen Immobilienbranche vertraut zu machen und die richtigen Entscheidungen hinsichtlich Finanzierung und Kauf zu treffen, damit Ihr Geld gut angelegt ist. Es gilt, eine Immobilie zu erwerben, die Sie kurzfristig wieder verkaufen können, sollte das aus irgendeinem Grund notwendig werden, und die langfristig einen Gewinn abwerfen kann. Den Gedanken, dass ein Immobilienkauf eine Investion ist, sollten Sie bei allen

Entscheidungen im Hinterkopf behalten und sich nicht von Emotionen zum übereilten Kauf hinreißen lassen.

Ich wünsche Ihnen daher einen kühlen Kopf beim Kauf Ihrer amerikanischen Immobilie, auf dass Sie für viele Jahre Vergnügen an Ihrer Erwerbung finden!

Kai Blum

Kaufen oder Mieten?

Möglicherweise ist die Entscheidung, dass Sie eine Immobilie in den USA kaufen wollen, schon gefallen und Sie haben auch bereits recht konkrete Vorstellungen, wie diese aussehen soll. Trotzdem sollten Sie noch einmal die Vor- und Nachteile und auch die Risiken eines Immobilienkaufs bedenken.

Ganz grundsätzlich sollten Sie sich vor Augen halten, dass, solange die Immobilie nicht vollständig abbezahlt ist und Sie aus irgendeinem Grund die monatlichen Ratenzahlungen nicht aufbringen können, immer die Gefahr besteht, das Haus oder die Eigentumswohnung wieder zu verlieren, im schlimmsten Fall durch Zwangsvollstreckung (foreclosure), so wie es in den letzten Jahren Hunderttausenden Familien in den USA ergangen ist.

Wer nicht zehn bis zwanzig Prozent des Immobilienpreises als Anzahlung aufbringen kann, mehrere Jahre am gleichen Ort zu bleiben beabsichtigt und zudem ausreichende Ersparnisse hat, um bei Verlust des Arbeitsplatzes die monatlichen Ratenzahlungen für mehrere Monate weiterhin aufbringen zu können, sollte kein Haus bzw. keine Eigentumswohnung kaufen.

Wer zum ersten Mal ein Haus kauft, macht auch oft den Fehler, monatliche Miet- und Kreditzahlungen direkt zu vergleichen. Wer z.B. $900 Miete zahlt, glaubt, dass er sich auch vergleichbare monatliche Kreditzahlungen ohne Probleme leisten kann. Diese sind jedoch nur ein Teil der Kosten, die in Wirklichkeit bis zu 40 Prozent höher liegen können, denn zu den Ratenzahlungen kommen noch die Immobiliensteuer *(property tax)*, die in den USA in der Regel mehrere Tausend Dollar pro Jahr beträgt, sowie Versicherungen wie die *homeowner's insurance* und die *private mortgage insurance*, falls die Anzahlung weniger als zwanzig Prozent betragen hat. Ausgaben für Reparaturen und Grundstückspflege, die Sie im Unterschied zum Mieten nun selbst tragen müssen, sowie wahrscheinlich höhere Rechnungen für Heizung, Strom und Wasser steigern ebenfalls die monatlichen Kosten. Bei Eigentums- und Genossenschaftswohnungen kommen auch noch die Gebühren für die Eigentümergemeinschaft hinzu. Diese zusätzlichen Kosten werden auch durch die umfangreichen Steuervergünstigungen, die Sie als Immobilienbesitzer in Anspruch nehmen können und die oft als wichtiges Argument für einen Immobilienkauf ins Feld geführt werden, nicht wettgemacht. Von den zahlreichen *closing costs* beim Kauf einmal ganz abgesehen.

Das heißt jedoch nicht, dass ein Immobilienkauf durchweg eine schlechte Idee ist. Es kommt vor allem darauf an, etwas zu kaufen, das man sich bequem leisten kann und das notfalls auch leicht wieder veräußerbar ist. (Lesen Sie dazu den Abschnitt »Faktoren die einen Wiederverkauf erleichtern« weiter hinten in diesem Buch.)

Idealerweise sollten Sie jedoch nur dann Wohneigentum erwerben, wenn abzusehen ist, dass Sie mindestens drei bis fünf Jahre an dem jeweiligen Ort bleiben werden. Eine Wertsteigerung der Immobilie, die alle mit dem Kauf verbundenen Kosten ausgleicht, ist vorher kaum zu erwarten, so dass Sie wahrscheinlich Geld verlieren würden, sollten Sie die Immobilie eher wieder verkaufen wollen, z.B. wenn Sie aus beruflichen Gründen umziehen müssen. In wirtschaftlich schlechten Zeiten kann es zudem dazu kommen, dass Ihre Immobilie deutlich an Wert verliert und Sie dann mehr Geld schulden als die Immobilie bei einem Verkauf einbringen würde und Sie daher nennenswerte finanzielle Verluste erleiden, sollten Sie die Wohnung oder das Haus aus irgendeinem Grund kurzfristig verkaufen müssen.

Überhaupt macht Sie ein Immobilienbesitz weniger flexibel. In guten Zeiten kann es schon mehrere Monate dauern, eine Immobilie zu verkaufen - in schlechten Zeiten noch viel länger.

Wenn Sie die Immobilie jedoch mehrere Jahre besitzen, kann diese eine lohnenswerte Investition darstellen. Mit dem Kauf einer Immobilie bauen Sie nämlich fortlaufend Eigenkapital *(equity)* auf, denn das Geld, das Sie sonst für die Miete ausgeben, würden Sie natürlich nie wieder sehen. Die Ratenzahlungen für Ihre Immobilie erhöhen dagegen Monat für Monat den Anteil, den Sie an dieser besitzen. Diese Ratenzahlungen bleiben, wenn Sie eine Hypothek mit unveränderlicher Zinsrate haben, je nach Rückzahlungsdauer für 15 bzw. 30 Jahre, stabil. Mietpreise werden dagegen aufgrund von Inflation kontinuierlich steigen. (Allerdings steigen die Eigentumssteuern und Instandhaltungskosten und damit auch die Wohnkosten für Immobilienbesitzer im Laufe der Zeit, jedoch wahrscheinlich nicht so stark wie für Mieter.) Ferner zahlen Sie weniger Einkommensteuer, da die Immobiliensteuer und die Zinsen für die Hypothek steuerlich absetzbar sind.

Immobilienkauf in der Wirtschaftskrise

Sollten Ihre finanziellen Verhältnisse langfristig abgesichert sein, bieten sich Ihnen insbesondere während einer Wirtschaftskrise erstklassige Möglichkeiten zum Immobilienkauf. Die Preise für Häuser und Eigentumswohnungen sind dann im Keller und die Zinsraten werden zudem von der Zentralbank stark gesenkt, um die Wirtschaft wieder anzukurbeln. Wenn Sie jetzt die richtige Immobilie kaufen, kann deren Wert unter Umständen schnell wachsen, sobald sich die Wirtschaft wieder erholt.

Grundsätzlich gilt: Machen Sie sich in guten wie in schlechten Zeiten mit der Wirtschaftsstruktur und dem Zukunftpotential Ihrer Kaufgegend vertraut. Städte mit großen Universitäten und Krankenhäusern haben normalerweise eine abgesicherte Zukunft, da sich diese Einrichtungen und deren Jobs nicht ins Ausland verlagern lassen und auch nicht vom einheimischen Konsumverhalten abhängig sind. Orte, deren Einwohner alle in dem selben Unternehmen arbeiten, weisen andererseits das größte Risiko auf, da bei plötzlichen Massenentlassungen der lokale Immobilienmarkt zusammenbrechen würde und wahrscheinlich Jahre bräuchte, um sich wieder zu erholen.

Der amerikanische Immobilienmarkt

Kurz gesagt gibt es in den USA doppelt so viele Wohneigentümer wie Mieter. Die meisten Wohneigentümer leben in einem neueren Einfamilienhaus, das in einem städtischen Ballungsraum steht und in der Regel vier Zimmer und zwei Bäder hat. Rund 60 Prozent der Wohneigentümer haben eine Hypothek laufen.

Genauer betrachtet gibt es laut *American Housing Survey* (2007) in den USA mehr als 128 Millionen Wohneinheiten, von denen 86 Prozent bewohnt sind. In 68 Prozent der bewohnten Einheiten leben deren Besitzer. 62 Prozent aller Wohneinheiten sind Einfamilienhäuser. Das durchschnittliche Alter aller Wohneinheiten in den USA ist 37 Jahre. Ein Drittel wurde nach 1980 gebaut und nur 7,6 Prozent stammen aus der Zeit vor 1919. 71 Prozent befinden sich in städtischen Ballungsgebieten. 60 Prozent haben mindestens drei Zimmer zusätzlich zum Wohnzimmer. Beinahe die Hälfte aller Wohneinheiten hat zwei oder mehr Badezimmer.

Die durchschnittlichen Wohnkosten betragen in den USA $847 pro Monat, wobei Wohneigentümer im Durchschnitt $971 pro Monat aufbringen müssen und Mieter $750. Im Süden ist das Wohnen mit durchschnittlich $754 pro Monat am günstigsten, gefolgt vom Mittleren Westen mit $767. Der Westen ist mit $1.050 am teuersten, gefolgt vom Nordosten mit $948. Amerikaner geben im Durchschnitt 23 Prozent ihres Einkommens für das Wohnen aus und liegen damit leicht unter dem deutschen Mittelwert.

Amerikaner ziehen durchschnittlich alle sieben Jahre um und kaufen bzw. verkaufen daher mehrmals im Leben eine Immobilie. Viele fangen in jungen Jahren mit einem bescheidenen Haus an und kaufen sich dann später, wenn sie es sich leisten können, etwas Größeres bzw. in einer besseren Lage. Hinzu kommen in der Regel mehrere arbeitsbedingte Wohnortwechsel, denn Amerikaner sind sehr flexibel und zögern meist nicht, für eine bessere Arbeit umzuziehen. Und wenn dann die Rentenzeit ansteht, wird meistens noch einmal umgezogen, oft in eine wärmere Gegend. Durch dieses häufige Umziehen gibt es an allen Orten ständig ein großes Angebot an gebrauchten Immobilien in allen Preislagen. In allen Städten und Regionen mit großer Nachfrage nach Wohneigentum werden zudem unzählige neue Häuser und Eigentumswohnungen aus dem Boden gestampft.

Durch die daraus resultierende Angebotsbreite sollten Sie also keine größeren Schwierigkeiten erwarten, grundsätzlich eine Immobilie finden zu können. Inwieweit diese Immobilie dann mit Ihren Vorstellungen und finanziellen Möglichkeiten übereinstimmt, ist natürlich eine individuell zu entscheidende Frage.

Wahl des Wohnortes

Wenn Sie weder eine Ferienimmobilie kaufen oder Ihren Lebensabend in den USA verbringen wollen, wird sich Ihre Wohnortwahl wahrscheinlich nach den Chancen auf eine Erwerbstätigkeit richten. Falls ein spezieller Wohnort für Sie Priorität haben sollte, z.B. weil Sie die Natur oder das Klima mögen, müssen Sie unter Umständen damit rechnen, dass es dort nicht die gewünschte Arbeit für Sie gibt. Versteifen Sie sich daher weder auf das eine noch auf das andere. Die USA sind ein Land, wo Flexibilität in der Arbeits- und Wohnortwahl eine der wichtigsten Tugenden ist.

Wenn Sie in eine Großstadt ziehen, sollten Sie sich darüber informieren, wie sich in der Stadt und den Stadtteilen die Kriminalitätsrate verteilt. Es gibt oft innerhalb einer Stadt, ja manchmal von Straße zu Straße, ganz erhebliche Unterschiede. Seien Sie dabei nicht naiv, bedenken Sie vor allem, dass sich ein Haus in einer problematischen Wohngegend nur sehr schwer und möglicherweise nur verlustbringend wiederverkaufen lässt. Daher spielt es keine Rolle, ob Sie selbst mutiger Natur sind und sich um Ihre eigene Sicherheit vielleicht nur wenig Sorgen machen. Recherchieren Sie auf jeden Fall genau. Sie können dazu kommerzielle Websites wie ►WWW.NEIGHBORHOODSCOUT.COM nutzen oder bei den lokalen Stadtverwaltungen anrufen und sich nach den *neighborhood crime statistics* erkundigen.

Wenn Sie eine bestimmte Immobilie ins Auge gefasst haben, sollten Sie im Internet die *sex offenders list* Ihres

Bundesstaates abrufen, um zu sehen, ob vorbestrafte Sexualstraftäter in Ihrer unmittelbaren Umgebung leben werden. Dies dürfte für Sie insbesondere dann von Interesse sein, wenn Sie Kinder haben. Ob man ein solches Instrument nun moralisch unterstützt oder nicht: Da es solche Listen in Amerika bereits gibt, sollten Sie diese auch ohne größere Scheu nutzen, da Ihnen am Ende Ihre eigene Sicherheit am wichtigsten sein sollte.

Ein Tipp: Erkunden Sie Ihren Wohnort, insbesondere die Nachbarschaften, in denen Sie einen Immobilienkauf ins Auge gefasst haben, auch einmal nachts. Wo ist es ruhig, wo gibt es offensichtliche Probleme? Denken Sie auch daran, dass es hier jahreszeitliche Unterschiede geben kann. In kalten Gegenden wird es im Winter in vielen Stadtteilen wesentlich ruhiger zugehen als in den wärmeren Jahreszeiten. Fragen Sie auch einfach mal verschiedene Leute, die dort leben. Viele werden Ihnen ehrlich antworten, ob und welche Probleme es dort gibt. Insbesondere in Nachbarschaften, die hauptsächlich von College-Studenten bewohnt werden, geht es oft bis in die Morgenstunden hinein recht laut zu.

Fragen Sie Freunde, Bekannte und Kollegen nach empfehlenswerten Wohngegenden. Erkunden Sie auch einmal die Vorstädte *(suburbs)* und das ländliche Umfeld. Immobilien sind dort oft wesentlich preiswerter als in der Stadt. Anfahrtswege zur Arbeit und die damit verbundenen Kosten sollten allerdings berücksichtigt werden. Vielerorts werden Sie auf das Auto angewiesen sein und möglicherweise müssen Sie auch noch ein zweites Fahrzeug kaufen und die damit verbundenen Kosten für Benzin und Versicherung aufbringen. Fahren Sie die betreffenden Anfahrtswege auch einmal probeweise während der *rush hour* ab, um eine Vorstellung von den tatsächlichen Fahrzeiten zu bekommen.

Wenn Sie Kinder haben, sollte die Lage von Schule und Freizeitmöglichkeiten ebenfalls ein wichtiger Faktor in Ihrer Entscheidungsfindung sein. Wie werden Ihre Kinder dorthin gelangen? Können Sie Ihre Kinder fahren oder müssen diese lange dauernde Fahrten mit dem Schulbus absolvieren? Wenn Sie kleine Kinder haben, wäre die Nähe eines Krankenhauses ratsam, sollte es einmal zu Notfällen kommen. Denken Sie daran, dass es in den USA normalerweise keine Hausbesuche von Ärzten gibt, sondern dass Sie im Falle schwerer Krankheit Ihr Kind zur Notaufnahme des nächsten Krankenhauses bringen müssen.

Der Kauf einer Immobilie setzt auch aus anderen Gründen gute Ortskenntnisse voraus. Selbst wenn Sie schon bei Ihrer Ankunft in Amerika genug Geld für einen Hauskauf haben, sollten Sie erst einmal eine Wohnung mieten und sich dann in aller Ruhe umschauen. So kann es z.B. sein, dass sich ein Stadtteil durch schöne Einfamilienhäuser und gepflegte Gärten auszeichnet. Alles ist ordentlich, die Leute sind nett, kurzum ein idealer Platz zum Wohnen. Was Sie nicht sehen und wissen können, ist, dass die Keller in diesem Stadtteil ein- bis zweimal im Jahr bei starkem Regen voll Wasser laufen, da dieser Stadtteil ungünstig in einem Tal liegt oder die Kanalisation unzureichend ist. Wenn Sie jedoch länger in der Stadt leben und die Zeitung lesen, werden Sie früher oder später von diesem Problem erfahren und sich zweimal überlegen, dort ein Haus zu kaufen.

Im Großen (Wahl eines Staates, einer Region, einer Stadt) wie im Kleinen (Wohnung oder Haus in einer bestimmten Nachbarschaft kaufen) gilt, dass das Sammeln von Informationen das A und O ist. Nutzen Sie persönliche Empfehlungen sowie Informationen aus Zeitungen und dem Internet (zum Beispiel: ►WWW.GERMANICANS.COM und ►WWW.TALKABOUTUSA.COM), um sich einen angenehmen Wohnort zu suchen. Umfangreiche statistische Daten für jeden Ort in den USA gibt es auf ►WWW.CITY-DATA.COM und ►WWW.BESTPLACES.NET. Sparen Sie nicht am falschen Platz, da das Wohnen ein ganz entscheidender Faktor in Sachen Lebensqualität ist.

Immobilien-Vielfalt

Immobilie ist nicht gleich Immobilie. Da gibt es eine Menge Varianten und Überschneidungen hinsichtlich der Art des Hauses, der Bauweise und der Eigentumsverhältnisse. Bevor Sie sich auf die Suche nach Ihrem Traumhaus begeben, sollten Sie sich daher mit den wichtigsten Formen amerikanischen Wohneigentums vertraut machen:

Single Family Home (Detached Home)

Das Einfamilienhaus ist die typische Form des Wohneigentums in den USA. Einfamilienhäuser gibt es in allen Preisklassen. Die meisten Häuser sind aus Holz gebaut, Häuser aus Ziegelstein *(brick)* sind recht selten zu finden. Allerdings gibt es relativ viele Häuser, die eine *brick fassade* haben. Hier sind die Ziegelsteine jedoch nur vorgemauert, der Rest des Hauses ist ebenfalls aus Holz. Wer einmal in einem typisch amerikanischen Haus gewohnt hat, wird beeindruckt sein, welch hervorragendes Material Holz ist, und eventuelle Vorurteile gegen diese Art des Bauens schnell aufgeben.

Ein besonderer Vorteil von Holzhäusern ist, dass sie sich hervorragend um- und ausbauen lassen, da die Wände relativ leicht zu entfernen sind. Auch das Installieren neuer Kabel, Rohre, Heizungssysteme, Klimaanlagen etc. wird dadurch wesentlich erleichtert. Ein entscheidender Nachteil dieser Bauweise ist die oft unzureichende Wärmedämmung, insbesondere bei älteren Häusern.

Viele Häuser haben eine Garage als Bestandteil des Hauses, andere haben frei stehende *(detached)* Garagen. Die Größe der Garagen wird nach der Anzahl der Autos angegeben, die hineinpassen, also *one-car garage, two-car garage* oder sogar *three-car garage*. Wenn das Haus einen eingezäunten Garten bzw. Hinterhof hat, was ein Plus für Hundebesitzer und Familien mit kleinen Kindern ist, spricht man von einem *fenced-in backyard*.

Duplex

Zweifamilienhäuser findet man nicht allzu oft in den USA. Normalerweise ist das Bauland preiswert genug, um ein frei stehendes Haus für eine Familie zu bauen. Ein *duplex* sieht man daher in erster Linie in Städten mit hohen Grundstückspreisen.

Allerdings sind Doppelhaushälften mit individuellen Besitzern in den USA nicht üblich. Normalerweise befindet sich ein *duplex* im Besitz von nur einer Person, die den einen Teil des Hauses selbst bewohnt und den anderen Teil vermietet und als Einnahmequelle nutzt, u.a. zur Rückzahlung der Hypothek. (Falls auch Sie diese Möglichkeit erwägen, sollten Sie das Kapitel »Vermieten« weiter hinten in diesem Buch lesen.)

Bei einem *duplex* muss es sich auch nicht immer um wirkliche Doppelhaushälften handeln, oft befindet sich eine Wohneinheit im Erdgeschoss oder im Keller und die andere Wohneinheit darüber. Dies gilt insbesondere für ältere Immobilien, die erst nachträglich in individuelle

Apartments unterteilt wurden. Varianten des *duplex* sind das *triplex* und das *quadruplex* mit drei bzw. vier Wohnungen in einem Gebäude.

Mobile Home

Rund neun Millionen Haushalte in den USA leben in einem *mobile home*, oft auch *trailer* genannt. Diese transportablen Baracken sind oft zu Hunderten mehr oder weniger permanent in sogenannten *trailer parks* aufgestellt und in der Regel von einkommensschwachen Schichten bewohnt. Einen neuen *trailer* kann man an den meisten Orten ab ca. 40.000 Dollar bekommen, gebrauchte *trailer* sind wesentlich billiger.

Der Stellplatz im *trailer park* wird gemietet und nicht selten bleibt so ein *mobile home* für immer im gleichen *trailer park*. Theoretisch kann man den *trailer* aber auch per Schwerlasttransport an einen anderen Ort bringen lassen. Hin und wieder findet man *mobile homes* auf privaten Grundstücken außerhalb von *trailer parks*, insbesondere in ländlichen Gebieten, schließlich ist so ein *trailer* bei weitem billiger als der Bau eines richtigen Hauses.

Sowohl bei den *mobile homes* als auch bei den *trailer parks* gibt es riesige Unterschiede. Alte *trailer parks* haben mitunter Ähnlichkeit mit *slums*, nagelneue können dagegen recht angenehm sein, und auch die neuen *double wide mobile homes* gleichen immer mehr richtigen Häusern.

Wenn Sie überlegen, ein *mobile home* zu kaufen,

sollten Sie zwei Dinge in Betracht ziehen: 1. Im Gegensatz zu richtigen Häusern steigt der Wert eines *trailers* fast nie. Im Gegenteil, meistens werden Sie ein *mobile home* nur mit Verlust wieder verkaufen können. 2. Im Falle schwerer Stürme bietet ein *trailer* keine sichere Unterkunft.

Wohngebiete mit besonderer Anziehungskraft

Der amerikanische Volksmund bezeichnet *mobile homes* und die Wohngebiete, in denen sie aufgestellt werden, die sogenannten *trailer parks*, als *tornado magnets*, da diese scheinbar überdurchschnittlich oft von Tornados (gigantische Windhosen mit tödlicher Zerstörungskraft) getroffen und hier die meisten Schäden und Opfer beklagt werden. Da die *mobile homes* keine Keller haben, sind ihre Bewohner besonders gefährdet. Eine Theorie besagt, dass *trailer parks* deshalb so häufig von Tornados heimgesucht werden, da sie sich oft am Stadtrand befinden, wo die atmosphärischen Bedingungen für einen Tornado anscheinend günstiger als innerhalb der Stadtgrenzen sind.

Pre-manufactured Home

Pre-manufactured homes werden wie *mobile homes* in Fabriken gebaut, aber im Gegensatz zu letzteren dauerhaft mit richtigen Fundamenten (manchmal sogar mit Keller) auf Privatgrundstücke gesetzt. Mittlerweile gibt es auch schon zweigeschossige *pre-manufactured homes* mit Spitzdächern, bei denen der Unterschied zu Häusern, die an Ort und Stelle gebaut werden, kaum noch zu erkennen ist.

Die Vorteile von *pre-manufactured homes* liegen auf der Hand: Sie sind wesentlich billiger als vor Ort gebaute

Häuser, man muss lediglich für den Bau des Fundaments/ Kellers sowie für Strom-, Trinkwasser- und Abwasseranschlüsse sorgen. Zum vereinbarten Termin wird das Haus (manchmal in mehrere Komponenten zerlegt) per Tieflader angeliefert und per Kran auf das Fundament gesetzt. Bäder und Küchen werden in der Regel auch schon in der Fabrik eingebaut. Besonders in ländlichen Gegenden ist diese effiziente Art des Bauens sehr beliebt.

Log Home

Blockhäuser *(log homes)*, deren Wände aus aufeinander gelegten Baumstämmen bestehen und die wir aus Indianerfilmen kennen, erlebten in den letzten Jahren eine Renaissance in den USA. Von kleinen Hütten bis zu riesigen Häusern – diese Bauweise bietet in allen Preisklassen etwas Besonderes.

Normalerweise bestellt man ein *log home* als Bausatz *(kit)* und muss lediglich das Fundament (mit oder ohne Keller) extra bauen lassen. Das eigentliche Haus kann man entweder selbst zusammensetzen, handwerkliches Geschick und ausreichend Zeit vorausgesetzt, oder mit zusätzlichen Kosten von einem Team des Herstellers bzw. selbst gewählten Handwerkern errichten lassen.

Da man sich zusätzlich auch um die Elektroinstallation und die Klempnerarbeiten selbst kümmern muss, sollte man sich von den relativ niedrigen Preisen der Bausätze nicht allzu sehr beeindrucken lassen, sondern vielmehr alle anfallenden Kosten in die Kalkulation einbeziehen.

Townhouse

Das Reihenhaus ist auch in den USA häufig anzutreffen, bildet es doch eine preiswertere Alternative zu freistehenden Häusern und ist zudem mit wenig Aufwand in Sachen Instandhaltung verbunden. *Townhouses* sind besitzrechtlich oft *condos* oder *co-ops*, und selbst wenn das nicht der Fall ist, sind sie doch immer mit der Mitgliedschaft in einer *homeowners association* verbunden. Diese drei Begriffe werden nachfolgend erklärt.

Condominium

Bei einem *condominium*, oft auch kurz *condo* genannt, handelt es sich nicht um einen architektonischen Begriff, sondern um eine Form des Wohneigentums, und zwar entweder um eine Eigentumswohnung oder um ein Reihenhaus, bei der sich einige Teile der Wohnanlage im Gemeinschaftsbesitz aller Wohneigentümer befinden und durch eine *homeowners association* verwaltet werden.

Condos sind in der Regel preiswerter als Einfamilienhäuser in gleicher Lage, sind besonders praktisch für Leute, die viel reisen, da man sich weniger Sorgen um Einbrüche machen muss und es auch keinen Rasen zu mähen gibt, und erfordern insgesamt weniger Anstrengungen, was die Instandhaltung betrifft. Zudem gibt es oft einen Swimming Pool, Tennisplätze und einen Fitnessraum.

Vor dem Kauf sollte man aber auf Einschränkungen in Sachen Haustiere achten, falls man eine Katze oder einen Hund hat. Und natürlich hat man in einem *condo* weniger Privatsphäre und möglicherweise unangenehme Nachbarn, mit denen man Wand an Wand leben muss. Im Falle der Eigentumswohnung in einem Apartmenthaus beschränkt sich das direkte Wohneigentum auf das Innere der »eigenen vier Wände«. Das Grundstück, die Gehwege, das Dach, die Außenwände, das Treppenhaus, der Fahrstuhl und die Freizeiträume des Gebäudes befinden sich im gemeinschaftlichen Besitz aller *condo*-Eigentümer, die finanziell zu deren Instandhaltung beitragen müssen.

Wenn Sie ein Reihenhaus (*townhouse*) kaufen, erwerben Sie auch das Stück Land, auf dem es steht und natürlich gehören Ihnen auch das Dach und die Außenwände, für deren Instandhaltung Sie selbst verantwortlich sind. Allerdings müssen Sie auch als Reihenhausbesitzer finanziell zur Instandhaltung der Gemeinschaftsanlagen beitragen.

Welche Form von *condo* Sie auch wählen, um die Mitgliedschaft in einer Eigentümergemeinschaft (*homeowners association*) und um eine monatliche Beitragszahlung von oft mehreren Hundert Dollar für die Instandhaltung der Gemeinschaftsanlagen und die Steuern kommen Sie nicht herum. Hinsichtlich Finanzierung, Suche, Kaufverhandlung und Steuervorteile gibt es allerdings kaum Unterschiede zwischen *condos* und Immobilien in Individualbesitz. Allerdings sollten Sie aufpassen, dass es dort, wo Sie kaufen wollen, nicht ein riesiges Überangebot an *condos* gibt, denn das könnte einen Wiederverkauf wesentlich erschweren und sich auch ungünstig auf die Wertsteigerung auswirken.

Homeowners Association

Wenn Sie ein *condo* erwerben, müssen Sie auf jeden Fall Mitglied in einer *homeowners association* werden, aber auch der Besitz eines frei stehenden Hauses kann unter Umständen mit einer solchen Mitgliedschaft verbunden sein, insbesondere in neuen Eigenheimsiedlungen (*subdivisions*), wenn diese eine Reihe von Gemeinschaftsanlagen haben. Das Wort *community* im Namen der Siedlung weist oft schon auf das Vorhandensein einer *homeowners association* hin.

Lesen Sie vor dem Kauf unbedingt sehr aufmerksam alle Unterlagen der *homeowners association*, denn Sie werden diese ausnahmslos befolgen müssen. Jede *homeowners association* hat andere Regeln, aber meistens gibt es z.B. Festlegungen, ob und wie viele Hunde und Katzen Sie halten dürfen. Bei freistehenden Häusern werden Sie zudem kaum Freiheit haben, was Farb- und Materialwahl für den Außenanstrich und das Dach sowie die Errichtung eines Zaunes angeht. Vorgeschrieben wird in der Regel auch, was Sie bei Ihrem Haus abstellen dürfen. Wenn Sie ein Boot oder einen Campinganhänger haben, sollten Sie lieber eine Immobilie ohne Mitgliedschaft in einer *homeowners association* kaufen.

Allerdings hat das Vorhandensein einer *homeowners association* auch Vorteile, insbesondere was den Wiederverkaufswert der Immobilie betrifft, da die Regeln der *association* in erster Linie auf die Erhaltung der Gemeinschaftsanlagen und des Gesamterscheinungsbildes ausgerichtet sind.

Sogenannte *gated communities* haben zudem einen Eingang mit Schlagbaum, der sich nur öffnet, wenn Sie sich ausweisen können, und in *adults-only communities* sind Kinder unter 18 als ständige Bewohner nicht erlaubt.

Wenn Sie eine Hypothek aufnehmen wollen, wird der Kreditgeber den Zustand des gesamten Komplexes berücksichtigen und bei Problemen möglicherweise zurückschrecken. Er wird u.a. darauf achten, wie viele *condos* bzw. Häuser von den Eigentümern selbst bewohnt bzw. vermietet werden und ob noch gebaut wird, dass die Versicherung ausreichend ist, ob die Finanzen der *homeowners association* in Ordnung sind und dass es genügend finanzielle Rücklagen für große Reparaturen gibt.

Co-op

Bei einer *co-op* handelt es sich um genossenschaftliches Wohneigentum. Die meisten *co-ops* bestehen wie *condos* aus Reihenhäusern oder Wohnungen. Die Preise liegen jedoch oft deutlich unter denen von Eigentumswohnungen. Um Wohnraum in einer *co-op* zu erwerben, kaufen Sie einen Genossenschaftsanteil. Ihr Wohnraum gehört nicht Ihnen direkt, sondern der *co-op*. Wenn Sie Ihren Wohnraum wieder verkaufen wollen, verkaufen Sie genau genommen Ihren Genossenschaftsanteil. Wie beim *condo* tragen Sie auch in einer *co-op* durch monatliche Gebühren finanziell zur Instandhaltung der Gemeinschaftsanlagen bei und müssen ähnliche Regelungen wie bei *condos*, was die Gestaltung der Vorgärten, das Halten von Haustieren usw. angeht, befolgen. Da der Vorstand der Genossenschaft in der Regel seine Zustimmung geben muss, wenn jemand neu einziehen möchte, gibt es oft eine Art Bewerbungsgespräch, insbesondere wenn die Nachfrage sehr groß ist. Die Finanzierung von genossenschaftlichem Wohneigentum ist zudem komplizierter als bei anderen Eigentumsformen und die Anzahl der Banken, die hierfür Hypotheken zur Verfügung stellen, ist beschränkt.

Vacation Homes

Die Anschaffung eines Ferienhauses bzw. einer Ferienwohnung lohnt sich natürlich nur, wenn Sie auch viel Zeit dort verbringen werden, d.h. mehrmals im Jahr längere Zeitabschnitte bzw. viele Wochenenden, und wenn abzusehen ist, dass ein Wiederverkauf gewinnbringend sein wird. Also gilt auch hier, den richtigen Ort und die richtige Finanzierung zu wählen. Möglicherweise könnte die Immobilie, wenn Sie diese nicht oft selbst nutzen, auch vermietet werden und somit als zusätzliche Einnahmequelle dienen. In der Regel müssen Sie dann aber eine *property management company* vor Ort beauftragen, welche die Schlüsselübergabe übernimmt, als Ansprechpartner dient, falls Reparaturen notwendig werden sollten, und die Bezahlung abwickeln kann. Die Kosten für diesen Service liegen normalerweise bei ca. zehn Prozent der Mieteinnahmen.

Wie bei anderen Immobilien auch, sind Wirtschaftskrisen die beste Zeit, um Ferienhäuser preiswert zu erwerben. Ein günstiger Dollarkurs kommt unter Umständen noch erleichternd hinzu. Seien Sie trotzdem besonnen und lassen Sie sich nicht aufgrund eines schönen Urlaubs zu einem übereilten Kauf hinreißen.

Wählen Sie auf jeden Fall einen Ort, den Sie relativ einfach erreichen können, sei es per Auto oder durch günstige Flugverbindungen. Umständliche Anreisen könnten Ihnen den Spaß schnell verderben. Denken Sie auch daran, die Ferienimmobilie und deren Einrichtung ausreichend zu versichern.

Ausstattung amerikanischer Häuser

Bei der baulichen Ausstattung amerikanischer Häuser gibt es einige Besonderheiten, die in diesem Kapitel betrachtet werden sollen, damit Sie mit diesen und mit den entsprechenden Begriffen vertraut sind, wenn Sie Wohneigentum in den USA erwerben.

Räumlichkeiten

Zur Beschreibung von Wohneigentum in den USA wird immer die Zahl der Zimmer zusätzlich zum Wohnzimmer angegeben, also *one-bedroom, two-bedroom*, etc. Dabei spielt es keine Rolle, wie groß diese Zimmer sind. Ein Haus, das ein Wohnzimmer, ein Schlafzimmer und zwei kleinere Kinderzimmer hat, wird demnach als *three-bedroom house* bezeichnet.

Das große Schlafzimmer wird *master bedroom* genannt und hat in neueren Häusern normalerweise ein angeschlossenes Badezimmer *(bathroom)* und eine begehbare Kleiderkammer *(walk-in closet)*. Die meisten Häuser haben außerdem ein zweites Badezimmer. Sollte es in diesem keine Dusche geben, wird es als *half bath* bezeichnet. Wenn ein Haus zwei vollständige Badezimmer und eine zusätzliche Toilette hat, spricht man also von *2.5 bathrooms* (Im Amerikanischen wird statt des Kommas ein Punkt verwendet). Der Raum, in dem der Waschautomat und der Trockner stehen, ist der *laundry room* und befindet sich oft im Keller oder neben der Küche.

Viele Häuser haben zwei Eingangstüren, von denen die eine zur Straße zeigt und oft mehr oder weniger direkt ins Wohnzimmer führt, und die andere sich an der Seite oder an der Rückseite des Hauses befindet und direkt in die Küche geht. Im Alltag benutzen fast alle Amerikaner diese Seitentür, bei der sich meistens auch die Garage oder zumindest ein Stellplatz fürs Auto befindet, so dass sich die in den USA üblichen wöchentlichen Lebensmittelgroßeinkäufe leicht vom Auto in die Küche schleppen lassen.

Amerikanische Fundamenttypen

In den USA gibt es drei häufige Fundamenttypen: *basement, crawlspace* und *slab-on-grade*.

▶ Ein *basement* ist ein ganz normaler Keller, der mehr oder weniger tief in die Erde gebaut ist. Wenn ein Keller als Wohnraum genutzt werden kann, spricht man von einem *finished basement*. Viele neue Häuser werden jedoch mit einem *unfinished basement* verkauft, der Besitzer muss dann die Wände, Deckenverkleidungen und Türen selbst einbauen.

▶ Ein Haus mit einem *crawlspace* hat anstelle eines Kellers einen etwa hüfthohen Zwischenraum zwischen Hausfußboden und Erdreich. Dieser Raum kann nicht genutzt werden und dient lediglich dem Verlegen von Leitungen und Rohren. Durch die geringe Höhe kann man sich hier nur im Kriechen *(crawl)* fortbewegen. Der Boden im *crawlspace* ist meistens mit Schotter oder Kies bedeckt.

▶ Ein *slab-on-grade* ist eine in die Erde gegossene Betonplatte, unter der sich weder *basement* noch *crawlspace* befinden.

Heizung und Klimaanlage

In den USA wird hauptsächlich mit Erdgas *(natural gas)* geheizt. Heizen *(heating)* mit Strom oder Öl kann dagegen recht teuer werden, zumal viele amerikanische Häuser nur sehr schlecht isoliert sind. Bei der Wärmedämmung ganz generell, insbesondere aber bei den Fenstern, sind die Amerikaner den Europäern einige Jahrzehnte hinterher.

Die meisten Heizungen bestehen aus einer zentralen Einheit, die sich in der Regel im Keller befindet und die warme Luft durch Wandschächte *(air ducts)* bläst und somit im Haus verteilt. Heizkörper mit Thermostaten sind in den USA zwar nicht üblich, aber durchaus erhältlich, so dass Sie, wenn Sie ein Haus kaufen, dieses umrüsten lassen können. Das ist allerdings sehr teuer.

Fast alle amerikanischen Häuser und Wohnungen haben eine Klimaanlage *(air conditioning)*. Die meisten Immobilien haben *central air conditioning*, d.h. eine zentrale Einheit, welche die kalte Luft im Sommer durch jene Schächte bläst, die im Winter der Heizung dienen. In älteren Häusern gibt es jedoch nur einzelne *window units*, diese kompakten Klimaanlagen sind individuell an den Fenstern angebrachte Kästen und kühlen nur den jeweiligen Raum.

Tipp: Während eines Gewitters sollten Sie Ihre heimische Klimaanlage ausschalten, da durch das Unwetter eine elektrische Überspannung *(power surge)* hervorgerufen werden kann, die den Kompressor überlädt. Eine teure Reparatur wäre die Folge.

Der geruchlose Killer

Carbon monoxide (Kohlenstoffmonoxid) ist ein farb-, geruch- und geschmackloses sowie giftiges Gas. Tausende Menschen in den USA landen jedes Jahr mit *carbon monoxide poisoning* in der Notaufnahme und Hunderte sterben. Die Ursache ist zumeist eine defekte Gasheizung, die unbemerkt das *carbon monoxide* produziert. Deshalb sollte jedes Haus und jede Wohnung neben einem Rauchmelder *(smoke detector)* auch einen *carbon monoxide detector* haben, den es ab ca. zwanzig Dollar im Baumarkt zu kaufen gibt. *Carbon monoxide detectors* werden entweder per Batterie betrieben oder dauerhaft in die Steckdose gesteckt.

Klärbehälter

Wenn Sie ein Haus auf dem Lande kaufen, dann geht Ihr Abwasser nicht per Kanalisation zum Klärwerk, sondern wird in einem ans Haus angeschlossenen, individuellen Klärbehälter *(septic tank)* aufgefangen.

Ein *septic tank* ist normalerweise aus Beton und befindet sich hinter oder neben dem Haus im Erdboden. Feste Bestandteile sammeln sich am Boden des Tanks und ölige Substanzen schwimmen oben. Die dazwischen befindliche Flüssigkeit wird durch perforierte Rohre unterirdisch im sogenannten *leach field* verteilt. Dieses befindet sich auf einem Teil des Grundstücks, meistens hinter dem Haus. Der Boden reinigt die Flüssigkeit durch Filterung und durch Mikroorganismen, so dass sie sauber ist, wenn sie das Grundwasser erreicht. Die im Tank verbleibenden Feststoffe müssen regelmäßig abgepumpt werden. Das kostet um die 200 Dollar und ist bei den meisten *septic tanks* alle zwei Jahre notwendig.

Wenn *septic tanks* regelmäßig abgepumpt werden, halten sie normalerweise mehrere Jahrzehnte. Ein neuer *septic tank* kostet, je nach Größe, 5.000 bis 20.000 Dollar. In manchen Staaten muss vor dem Verkauf eines älteren Hauses der *septic tank* ausgewechselt werden, wenn dieser ein bestimmtes Alter überschritten hat.

Zigarettenstummel, Tampons und dergleichen sollten niemals in den *septic tank* gespült werden, da diese die Rohre im *leach field* verstopfen können. Setzen Sie Waschmittel, antibakterielle Seife usw. sparsam ein, da sie die zur Zersetzung notwendigen Bakterien im Tank abtöten. Es versteht sich von selbst, dass Sie Farbe, Lacke, Verdünnung und ähnliche Chemikalien nicht herunterspülen dürfen, da diese das Grundwasser verseuchen.

Wasserhärte

In einigen Gegenden der USA ist das Wasser sehr hart, d.h. es enthält viel Kalzium oder Magnesium, welche zu Ablagerungen in Rohren und Haushaltsgeräten führen und auch die Brauchbarkeit von Seife stark einschränken. Um das Wasser weicher zu machen, muss man es durch eine Apparatur im Haus laufen lassen, die *water softener* genannt und in die ein dafür bestimmtes Salz geschüttet wird, das es in großen Säcken im Supermarkt zu kaufen gibt. Die Natrium-Ionen ersetzen die Kalzium- und Magnesium-Ionen und machen so das Wasser weicher.

Garbage Disposer

Die Abflüsse vieler amerikanischer Küchenwaschbecken haben einen eingebauten *garbage disposer*. Dieser zerkleinert Essensreste, die dann weggespült werden können. Das Vorhandensein eines solchen *garbage disposer* ist am Abfluss gekennzeichnet.

Über dem Waschbecken gibt es ferner einen Schalter, der wie ein normaler Lichtschalter aussieht. Wenn Sie diesen Schalter betätigen, wird der *garbage disposer* mit viel Lärm seine Arbeit verrichten. Lassen Sie gleichzeitig kaltes Wasser laufen, um einen Abfluss des Zerkleinerten zu gewährleisten. Passen Sie auf, dass kein Glas, Metall, Holz, Porzellan und dergleichen in den *disposer* kommt und stecken Sie auch nicht Ihre Finger hinein.

Sollte der *garbage disposer* einmal den Dienst versagen, lohnt sich der Versuch, ihn durch Drücken des *reset button*, der sich unter dem Waschbecken direkt an dem *garbage disposer* befindet, wieder arbeitsfähig zu machen. Sollte das nicht funktionieren, muss man wohl oder übel einen Klempner rufen.

Fliegengitter und Sturmfenster

Fast alle Fenster in den USA sind mit Fliegengittern *(screens)* versehen und Schiebetüren, die zu Veranden führen, haben eine zweite, vorgesetzte Tür, die statt einer Scheibe ein großes Fliegengitter hat. In Gegenden, in denen es im Winter richtig kalt wird, lassen sich die Fliegengitter durch eine zweite Scheibe *(storm window)* ersetzen, die zu einer besseren Isolierung führen sollen. Vor viele Türen lässt sich auch eine gleichartige *storm door* setzen.

Finanzierung

Bevor Sie sich auf die Suche nach einem Haus machen,
sollten Sie sich natürlich darüber im Klaren sein, wie viel
Sie dafür bezahlen wollen bzw. können und wo das Geld
herkommen soll. Sie brauchen zum Einen einen beacht-
lichen Betrag an Bargeld für die Anzahlung (zehn bis zwanzig Prozent des Kaufpreises) und *closing costs* (vier bis
sechs Prozent), und zum Anderen ausreichend Kreditwürdigkeit und Einkommen, um eine Hypothek aufzunehmen
- es sei denn, Sie gehören zu den wenigen Glücklichen, die
eine Immobilie komplett in bar bezahlen können. Jegliche
bereits bestehende Schulden, die z.B. von einem Autokauf, von Kreditkarten und Uni-Gebühren stammen können, sowie andere langfristige Zahlungsverpflichtungen,
z.B. Unterhalt, werden dabei von den Kreditinstituten herangezogen, um den Betrag zu ermitteln, den diese Ihnen
zwecks Immobilienkaufs zu leihen bereit sind.

Falls Sie keinen festen Wohnsitz in den USA haben und
lediglich eine Ferienimmobilie erwerben möchten, werden
Sie deutlich mehr Eigenkapital (vierzig bis fünfzig Prozent
des Kaufpreises) für die Anzahlung aufbringen müssen,
da sonst der Bank das Risiko zu hoch ist. Das Gleiche wird
in der Regel nötig sein, falls Sie sofort nach Ihrem Umzug
in die USA ein Haus oder eine Eigentumswohnung kaufen
möchten. Kaum eine amerikanische Bank ist bereit, Ihre
Kreditwürdigkeit länderübergreifend zu prüfen oder Ihre
gerade aufgenommene Arbeit als zuverlässige Einkom-
mensquelle anzuerkennen, es sei denn, es handelt sich

um den gleichen Arbeitgeber, den Sie auch schon in der alten Heimat hatten.

Closing und Closing Costs

Zwei Begriffe, die Sie in diesem Ratgeber von nun an häufig lesen werden, sind *closing* und *closing costs*. Zu diesen Themen gibt es später noch detaillierte Informationen, aber es sei hier zum besseren Verständnis schon einmal kurz darauf hingewiesen, worum es sich dabei handelt: *Closing* ist das Treffen zwischen Käufer und Verkäufer, deren Makler sowie anderen interessierten Seiten, wie z.B. das Kreditinstitut des Käufers, bei dem zwecks Verkaufsabschluss alle Verträge und Dokumente, welche die Übereignung der Immobilie und deren Finanzierung betreffen, unterzeichnet werden. *Closing costs* sind alle Geldbeträge, die zu diesem Termin neben der Anzahlung in bar aufgebracht werden müssen.

Anzahlung

Die Höhe Ihrer Ersparnisse ist ein entscheidender Faktor für den möglichen Preis einer Immobilie, denn in der Regel muss man einen Teil des Kaufpreises, idealerweise zwanzig Prozent, als *down payment* in bar aufbringen. Wenn man einen größeren Prozentsatz als *down payment* aufbringen kann, erhält man unter Umständen einen Kredit mit besseren Konditionen. Im Prinzip ist es so: Je mehr der Käufer von Anfang an finanziell am Haus beteiligt ist, desto eher kann der Kreditgeber davon ausgehen, dass der Kredit auch komplett zurückgezahlt wird, da der Schuldner sein investiertes Geld nicht verlieren will.

Bei Immobilien um die 150.000 Dollar sind zwanzig Prozent allerdings schon stolze 30.000 Dollar. Einen derartigen Betrag in bar aufzubringen, ist für viele Leute, die zum ersten Mal ein Haus kaufen wollen, ein ernsthaftes Problem. Besonders junge Leute haben in der Regel noch nicht so viel Geld sparen können. Oft wird das Geld deshalb von Verwandten oder Freunden geliehen oder vorübergehend aus der privaten Altersvorsorge abgezogen. Manche Leute besorgen sich einen Teil des Bargeldes als *cash advance* durch ihre Kreditkarten. Davon ist allerdings abzuraten, denn die Zinsen sind überdurchschnittlich hoch und die Kreditkartenschulden werden zudem als Kriterium für die Bereitstellung einer Hypothek herangezogen und diese unter Umständen sogar verhindern.

Geldgeber wollen oft einen Nachweis sehen, dass sich das Bargeld seit mindestens drei bis sechs Monaten auf Ihrem Konto befunden hat, um auszuschließen, dass Sie sich das Geld kurzfristig durch andere Kredite oder auf illegale Weise besorgt haben. Viele Banken werden sich weigern, eine Hypothek zu bewilligen, wenn das Geld für die Anzahlung nachweislich geliehen wurde.

Für ehemalige Militärangehörige und für Bewohner ländlicher Gegenden gibt es allerdings spezielle Finanzierungsmöglichkeiten ohne Anzahlung:

► *VA loans:* Falls Sie oder Ihr Ehepartner Angehöriger der amerikanischen Streitkräfte waren, können Sie einen *VA loan* bekommen, d.h. eine *mortgage*, für die das *Department of Veterans' Affairs* (VA) eine Bürgschaft übernimmt. Der Kauf einer Immobilie kann auf diesem Weg zu 100 Prozent finanziert werden, denn es werden hier weder Anzahlung noch *mortgage insurance* verlangt. Informationen gibt es auf ▶WWW.HOMELOANS.VA.GOV.

▶ **FmHA loans:** Wenn Sie ein Haus in einer ländlichen Gegend kaufen wollen, Ihr Einkommen eine für die jeweilige Gegend festgelegte Grenze nicht übersteigt, Sie nicht genug Geld für eine Anzahlung haben und noch keine Immobilien besitzen, können Sie unter Umständen einen Kredit über die *Federal Farmers Home Administration* (FmHA) aufnehmen. Diese Kredite erfordern keine Anzahlung und die Zinsrate ist relativ niedrig. Allerdings müssen Sie die amerikanische Staatsbürgerschaft oder eine Green Card haben, um diese Finanzierungsmöglichkeit in Anspruch nehmen zu können. Weitere Informationen gibt es auf ▶WWW.RURDEV.USDA.GOV.

Erwähnenswert sind ferner *lease/purchase programs*: Wenn es ein Überangebot an Immobilien gibt, bieten einige Verkäufer mitunter an, das Haus oder die Eigentumswohnung für einen bestimmten Zeitraum zu mieten und am Ende zu kaufen, wobei ein Teil der Miete dann in die Anzahlung einfließt. Das ist in der Regel ein attraktives Angebot für jene, die das Bargeld für eine Anzahlung noch nicht aufbringen können oder die noch etwas Zeit brauchen, um sich eine *credit history* aufzubauen - so wie die meisten Neuankömmlinge in den USA. Sie sollten jedoch darauf achten, dass der Vertrag lediglich aussagt, dass Sie die Immobilie am Ende der Mietzeit kaufen können, jedoch dass Sie nicht dazu verpflichtet sind, und welcher Prozentanteil vom Mietbetrag in die Anzahlung einfließt. Meistens werden hier zwanzig Prozent angeboten, Sie sollten aber versuchen, mehr herauszuhandeln.

Mortgage Insurance

Wenn Ihre Anzahlung weniger als zwanzig Prozent beträgt, werden Sie eine *mortgage insurance*, die oft auch *private mortgage insurance* (PMI) genannt wird, zahlen müssen. Diese wird zwar von Ihnen bezahlt, sichert aber den Kreditgeber gegen finanzielle Verluste ab, falls Sie Ihren Zahlungsverpflichtungen nicht nachkommen. Eine *mortgage insurance* kostet monatlich ca. 25 Dollar pro 100.000 Dollar Schuldensumme.

Sobald Ihr Besitzanteil *(equity)* an der Immobilie zwanzig Prozent erreicht, können Sie die *mortgage insurance* kündigen. Diese Kündigung geschieht allerdings nicht automatisch, sondern muss von Ihnen veranlasst werden. In diesem Zusammenhang sollten Sie beachten, dass in den Anfangsjahren der Hauptteil Ihrer Ratenzahlungen zur Begleichung der Zinsen eingesetzt wird. Erst im Verlauf der Zeit verschiebt sich das Verhältnis von Zinszahlung und Tilgungsrate zunehmend zu Gunsten der Tilgung und zur Erhöhung Ihres Besitzanteils an der Immobilie. Es kann also einige Jahre dauern, bis Sie die kritische Zwanzig-Prozent-Hürde überspringen werden.

Zwei ähnliche Begriffe, die Sie möglicherweise hören werden und die Sie nicht mit der *mortgage insurance* verwechseln sollten, sind *mortgage payment insurance* und *mortgage life insurance*. Beide sind reine Geldverschwendung.

Mortgage payment insurance würde Ihre Hypothekenraten weiter bezahlen, falls Sie z.B. wegen eines Feuers Ihr Haus verlassen müssen. Dieses ist jedoch schon durch Ihre *homeowner's insurance*, die Sie auf jeden Fall haben sollten, abgedeckt.

Mortage life insurance würde die restliche Schuldsumme begleichen, falls der Hauptverdiener des Haushalts sterben sollte. Sie sollten jedoch lieber eine normale Todesfall-Lebensversicherung *(term life insurance)* abschließen, da diese preiswerter ist und sich ihr Verwendungszweck nicht auf die Abbezahlung der Hypothek beschränkt. Übrigens: Die meisten Arbeitgeber bieten eine Lebensversicherung sehr preiswert an.

Bargeld für die Closing Costs

Bargeld müssen Sie jedoch nicht nur zwecks *down payment* aufbringen, sondern auch für die Abschlussgebühren *(closing costs)*, die sich in erster Linie aus einer Reihe von kleinen und großen Verwaltungsgebühren zusammensetzen und die insgesamt normalerweise zwischen vier und sechs Prozent des Immobilienpreises betragen. Die *closing costs* können in folgende Kategorien eingeteilt werden:

1. ***lender fees***: alle Gebühren, die mit der *mortgage* zusammenhängen;

2. *third-party fees*: Gebühren für Dienstleistungen, die von dritter Seite eingeholt werden mussten, wie z.B. *title search and insurance, appraisal, flood certification* und *inspections*;

3. *government fees*: staatliche Verwaltungsgebühren und Steuern;

4. *escrow and interest fees*: Geld, das in ein *escrow account* gezahlt wird, dient der Bezahlung von Versicherungen *(homeowner's insurance* sowie *private mortgage insurance*, wenn die Anzahlung unter 20 Prozent liegt), Steuern *(property taxes)* sowie Zinsen *(loan interest)*. Kreditgeber wollen diese Gebühren vorab auf einem Konto haben, um das Risiko zu vermeiden, dass der Kreditnehmer die Versicherung oder die Steuern nicht bezahlt und die Immobilie in Folge einer Naturkatastrophe oder einer Beschlagnahmung durch den Staat nicht mehr als Sicherheit für den Kredit dienen kann.

Bitte beachten Sie, dass die erste Ratenzahlung für die Hypothek normalerweise erst zu Beginn des zweiten vollen Monats fällig wird. Beim *closing* werden Sie deshalb *pre-paid interest* zahlen müssen, d.h. die Zinsen für die verbleibenden Tage des Kaufmonats und für den ersten vollen Monat.

Die nachfolgenden Geldbeträge sind die ungefähren *closing costs* für die Finanzierung eines Hauses, das 100.000 Dollar kostet und bei dem zwanzig Prozent angezahlt werden:

- ▶ *origination fee* ($800): Die *origination fee* (mitunter auch *loan fee* oder *lender fee* genannt) ist die Gebühr, die von den Kreditinstituten für die Bearbeitung des Kreditantrages verlangt wird und ist in der Regel der größte Betrag unter den *closing costs*.

- ▶ *title search* ($400): Gründliche Nachforschung im Grundbuch, ob es Probleme irgendwelcher Art mit den Eigentumsrechten an der Immobilie gibt.

- ▶ *title insurance* ($500): Diese Versicherung wird für den Fall, dass dennoch unerwartete Probleme mit dem Eigentumsrecht an der Immobilie auftauchen sollten, abgeschlossen.

- ▶ *appraisal fee* ($300): Schätzung des aktuellen Marktwertes der Immobilie.

- ▶ *closing fee* ($400): Gebühr für das Treffen, bei dem alle Verträge unterschrieben werden.

- ▶ *flood check fee* ($25): Gebühr für die Überprüfung des Überschwemmungsrisikos.

- ▶ *credit report fee* ($35): Gebühr für die Überprüfung der *credit history*.

- ▶ *notary fee* ($40): Kosten für die Beglaubigung von Dokumenten.

- ▶ *recording fee* ($70): Amtliche Registrierung der unterschriebenen Dokumente.

- ▶ *tax service fee* ($80): Gebühr für die Überprüfung der Steuerzahlungen.

- ▶ *courier/express mail* ($50): Postgebühren.

Was sind eigentlich Points?

Ein Begriff, den Sie im Zusammenhang mit der Hausfinanzierung oft hören werden, ist *points*. Dabei handelt es sich um im Voraus, bei Abschluss des Hauskaufs, bezahlte Zinsen. Ein *point* entspricht einem Prozent der Kreditsumme. Durch das Bezahlen von *points* verringern sich die Zinsen für die *mortgage* und damit die monatlichen Ratenzahlungen. Pro *point* werden die Zinsen bei einer *30-year mortgage* normalerweise um 0,125 Prozent gesenkt. Als *points* bezahlte Geldbeträge sind in dem jeweiligen Jahr steuerlich absetzbar (*tax deductible*). Die hier besprochenen *points* werden auch als *discount points* bezeichnet und lohnen sich eigentlich nur, wenn man lange in dem gekauften Haus wohnen bleibt. Auf jeden Fall erhöhen sie die Geldsumme, die man anfangs in bar als *closing costs* aufbringen muss.

Discount *points* werden von Kreditgebern auch gerne genutzt, um die Zinsrate niedriger aussehen zu lassen. Die Banken preisen eine niedrige Rate an, lassen sich dann aber *points* bezahlen, so dass man praktisch doch mehr Zinsen entrichtet. Wenn Sie die Angebote verschiedener Geldgeber vergleichen, sollten Sie daher nicht nur auf die angegebene Zinsrate, sondern auch auf mögliche *points* achten.

Der Begriff *points* wird zum Teil aber auch verwendet, wenn es um die *origination fee* geht, d.h. um die Gebühr, die der Kreditgeber möglicherweise für die Bereitstellung des Kredites verlangt. Diese *points* können aber nicht von der Steuer abgesetzt werden und dienen lediglich dazu, den Profit des Kreditgebers zu erhöhen.

Kreditwürdigkeit

Wer in den USA einen Kredit aufnehmen will, um eine Immobilie zu kaufen, muss eine gute Kreditvergangenheit (*credit history*) aufweisen können. Diese gilt Kreditgebern als entscheidender Anhaltspunkt, dass der potenzielle Kreditnehmer vertrauenswürdig ist und das geliehene Geld auch zurückzahlen wird. Wie bereits erwähnt, werden Käufer, die keinen festen Wohnsitz in den USA haben, jedoch um eine Anzahlung von vierzig bis fünfzig Prozent kaum herumkommen, da sie keine amerikanische *credit history* haben und die Banken eine länderübergreifende Überprüfung der Kreditwürdigkeit im Regelfall nicht vornehmen.

Die Informationen, aus denen die *credit history* besteht, werden von drei großen *credit bureaus* gesammelt, ausgewertet und an berechtigte Interessenten gegen eine Gebühr bereitgestellt. Diese drei *credit bureaus* sind:

- ► *Equifax* (►WWW.EQUIFAX.COM)
- ► *Experian* (►WWW.EXPERIAN.COM)
- ► *TransUnion* (►WWW.TRANSUNION.COM)

Potenzielle Kreditgeber können sich bei den genannten Firmen über die Kreditwürdigkeit eines Kunden in zwei Formen informieren: *credit score* und *credit report*.

Der *credit score* ist lediglich eine dreistellige Nummer, die aus verschiedenen Daten Ihrer *credit history* berechnet wird. Anhand dieser Nummer können Geldgeber bei Bedarf schnell entscheiden, ob Sie kreditwürdig sind oder nicht. Der *credit score* wird in erster Linie bei der Vergabe von *instant credit*, z.B. bei der Ausstellung einer *store charge card* an Ort und Stelle und innerhalb weniger Minuten, herangezogen.

Bei der Vergabe großer Summen, wie z.B. bei einer Hypothek, schauen sich die Kreditinstitute jedoch den *credit report* an, denn dieser enthält ganz detaillierte Informationen zu Ihrer Person, wie Name, Anschrift, *Social Security Number*, Geburtsdatum, Arbeitgeber; Ihre *credit history*, inkl. Kreditkarten, deren Kontostände und verfügbare Kreditrahmen, andere laufende und abbezahlte Kredite, Informationen über verspätetes Bezahlen von Rechnungen, Krediten, Kreditkarten usw.; Daten zu eventuellen Gerichtsurteilen, Pfändungen, Bankrotterklärungen und eine Liste derjenigen, die Ihren *credit report* in letzter Zeit angefordert haben.

Da die drei *credit bureaus* vollkommen unabhängig voneinander arbeiten, kann es Unterschiede in den verschiedenen *credit reports* für die gleiche Person geben. Sie sollten daher davon Gebrauch machen, dass Sie laut Gesetz einmal im Jahr einen kostenlosen *credit report* von jedem *credit bureau* über ►WWW.ANNUALCREDITREPORT.COM anfordern können. Das gibt Ihnen die Gelegenheit, die drei *credit reports* zu vergleichen und möglicherweise Fehler zu finden, gegen die Sie Einspruch einlegen sollten. Kann nämlich ein Fehler nachgewiesen werden, dann wird die entsprechende Information entfernt bzw. korrigiert. Schicken Sie alle Briefe als Einschreiben *(certified mail)* mit Empfangsbestätigung *(return receipt)*. Geben Sie dem *credit bureau* einen Monat Zeit, den Sachverhalt zu prüfen. Haken Sie nach, wenn Sie dann noch nichts gehört haben.

Gegen eine relativ geringe Gebühr können Sie jederzeit bei den genannten Firmen noch weitere *credit reports* bestellen und auch Ihren *credit score* in Erfahrung bringen, denn diesen bekommen Sie nicht mitgeteilt, wenn Sie Ihre jährlichen, kostenlosen *credit reports* einholen.

Was ist ein guter Credit Score?

Ein *credit score* unter 620 ist inakzeptabel und bei einem Wert zwischen 620 und 660 werden sich die Kreditinstitute Ihre *credit history* ganz gründlich anschauen, um das Risiko abzuwägen. Mit einem *credit score* über 660 sollten Sie keine Probleme haben, als kreditwürdig eingestuft zu werden. Ab 680 werden Sie durchschnittliche und ab 720 verbesserte Kreditbedingungen bekommen. Bei einem *credit score* von über 750 werden sich die Banken um Sie reißen und Ihnen die attraktivsten Angebote machen.

Ganz generell gilt: Wer keine gute Kreditvergangenheit nachweisen kann, bekommt nicht ohne weiteres einen neuen Kredit. Noch schlimmer ist es, wenn man überhaupt keine Kreditvergangenheit hat. Das ist für die meisten Neuankömmlinge in den USA ein Problem, das mit der Henne und dem Ei vergleichbar ist: Ohne Kredite keine Kreditvergangenheit und ohne Kreditvergangenheit keine Kredite. Eventuelle Nachweise aus dem Herkunftsland der Einwanderer werden in der Regel nicht anerkannt.

Was müssen Sie also tun? Versuchen Sie so schnell wie möglich, eine Kreditkarte zu bekommen. Die Bank, bei der Sie ein Konto haben, ist die beste Anlaufadresse. Dort fragen Sie nach einer *secured credit card*. Bei dieser nimmt die Bank eine bestimmte Summe, z.B. 500 Dollar, als Sicherheit. Der Verfügungsrahmen der Karte liegt dann ebenfalls bei 500 Dollar. Auf diese Weise geht die Bank kein Risiko ein und man kann durch das Benutzen der Karte und das zuverlässige Bezahlen der Kreditkartenrechnungen die eigene Kreditwürdigkeit unter Beweis stellen.

Eine weitere Möglichkeit: Legen Sie sich in Europa schon eine *American Express Card* zu. Nach dem Umzug in die USA können Sie sich bei *American Express* ummelden und bekommen dort ebenfalls eine Karte ausgestellt. Sie sollten dies aber erst nach Erhalt Ihrer *Social Security Number* machen, denn diese ist Voraussetzung für den Aufbau einer *credit history*. Es ist dann nur eine Frage der Zeit, bis die ersten Antragsformulare von anderen Kreditkartenfirmen ins Haus geflattert kommen.

Sie können Ihre Chancen auf die Zusendung derartiger Anträge und den Aufbau einer brauchbaren *credit history* möglicherweise dadurch erhöhen, dass Sie Ihre erste Kreditkarte zu Anfang nie ganz abbezahlen. Im Prinzip sind Sie erst dann ein lohnenswerter Kunde für Kreditkartenunternehmen, wenn diese durch die Verzinsung Ihrer Schulden Geld verdienen können. Wenn Sie erst einmal eine Schuldsumme *(balance)* für eine Kreditkarte aufgebaut haben, dann werden Konkurrenten der entsprechenden Bank versuchen, Sie abzuwerben und zu bewegen, die Schuld auf eine neue Kreditkarte zu transferieren *(balance transfer)*. Um Ihnen dies schmackhaft zu machen, wird in der Regel für mehrere Monate *no interest on balance transfers* angeboten, d.h. Zinsfreiheit für derartig transferierte Schulden.

Der angebotene Kreditrahmen Ihrer Karten wird anfangs recht niedrig liegen und die Zinsen werden womöglich hoch sein. Man sollte jedoch trotzdem ein paar Karten beantragen und dann diszipliniert benutzen und eine gute Zahlungsmoral zeigen, um weiterhin Kreditwürdigkeit zu beweisen. Außerdem sollte man von dem Angebot vieler Kaufhäuser Gebrauch machen, die ihre eigenen internen *store charge cards* anbieten. Diese fließen, genau wie richtige Kreditkarten, in die Kreditvergangenheit ein. Wenn man noch keine andere Kreditkarte hat, ist es jedoch schwer, eine *store charge card* zu bekommen. Auch in diesem Zusammenhang empfiehlt es sich, anfangs eine *secured credit card* zu haben.

Hier sind einige weitere Tipps für den Aufbau einer guten *credit history*:

- ▶ Begleichen Sie Ihre Rechnungen, insbesondere für Kreditkarten, pünktlich. Rechnen Sie eine Woche für den Postweg ein, falls Sie einen Scheck schicken.

- ▶ Beantragen Sie nicht zu viele Kreditkarten und andere Kredite innerhalb eines kurzen Zeitraums. Die Nachfragen der potenziellen Kreditgeber nach Ihrem *credit report* werden in diesem verzeichnet. Zu viele Nachfragen erwecken den Eindruck, dass Sie dringend Geld brauchen. Das kann andere potenzielle Kreditgeber abschrecken.

- ▶ Sie sollten nicht zu viele unbenutzte Kreditkarten haben. Während der Besitz einiger Kreditkarten gut für den Aufbau einer *credit history* ist, werden zahlreiche ungenutzte Kreditrahmen von potenziellen Kreditgebern als Risiko angesehen, da sie die Gefahr einer plötzlichen und hohen Verschuldung bergen. Schließlich könnten Sie, theoretisch gesehen, plötzlich alle diese Kreditkarten bis zum Maximum ausschöpfen und dann Bankrott erklären.

▶ Vermeiden Sie auch, die verfügbaren Kreditrahmen Ihrer Karten voll zu nutzen, da dies ebenfalls als Warnzeichen aufgenommen wird. Ideal sind Kreditkartenschulden *(credit card debt)*, die unter einem Drittel des verfügbaren Kreditrahmens *(available credit)* liegen.

Das zuverlässige Bezahlen aller Rechnungen und Kreditkarten führt allmählich zum Aufbau einer guten Kreditvergangenheit. Nach und nach erhöhen die Kreditgeber dann den Verfügungsrahmen für die Karten und man kann sich mit der nun bewiesenen Kreditwürdigkeit auch an größere Käufe (Auto, Haus) wagen.

Noch eine Anmerkung: Die meisten Banken geben ihren Kunden eine *debit card* (mitunter auch *check card* genannt). Diese soll das Ausstellen der bisher weit verbreiteten Schecks beim Einkauf ersparen. Das Geld wird direkt vom *checking account* abgezogen. Viele dieser *check cards* tragen auch ein Visa- oder Mastercard-Symbol und können in Geschäften und online wie Kreditkarten benutzt werden. Sie sind jedoch keine richtigen Kreditkarten (da das Geld, wie gesagt, direkt vom Konto abgezogen wird) und spielen daher beim Aufbau einer *credit history* keine Rolle.

Einkommen und bestehende Schulden

Allgemein gilt, dass die Ratenzahlungen für die Immobilie, einschließlich Zinsen, Steuern und Versicherungen, nicht mehr als 28 Prozent und für alle Schulden, also Hypothek, Kreditkarten, Autokredit, etc., zusammen nicht mehr als 36 Prozent Ihres monatlichen Bruttoeinkommens ausmachen sollten.

Wenn Sie sich um eine Hypothek bemühen, werden Sie also dem Kreditinstitut gegenüber sowohl nachweisen, dass Sie beschäftigt sind und ein stabiles Einkommen in ausreichender Höhe haben, als auch detailliert darüber Auskunft geben müssen, welche Schulden bei Ihnen gegenwärtig schon zu Buche stehen und welche monatlichen Mindestzahlungen Sie diesbezüglich leisten. Auch eventuelle Unterhaltszahlungen für Kinder *(child support)* schlagen hier zu Buche.

Bei dem Verhältnis von Einkommen und Schulden *(income to debt ratio)* sind die amerikanischen Finanzinstitute aufgrund der Bankenkrise der letzten Jahre recht unnachgiebig geworden. Setzen Sie sich also schon im Vorfeld eines Immobilienkaufs mit diesen Werten auseinander und zahlen Sie gegebenenfalls andere Schulden ab, bevor Sie sich nach einer Hypothek umzuschauen beginnen.

Hypothek

Fast alle Amerikaner nehmen für die Finanzierung eines Immobilienkaufs einen speziellen Kredit, einen *mortgage loan*, auf. Einen *mortgage loan* kann man bei einer Bank *(bank)*, einer Genossenschaftsbank *(credit union)*, einer *mortgage bank* oder bei einem *mortgage broker*, der *mortgage loans* verschiedener Anbieter vermittelt, bekommen. Ein *mortgage broker* wird übrigens am ehesten in der Lage sein, Neuankömmlingen in den USA, die noch keine umfangreiche *credit history* haben, zu helfen. Umgangssprachlich werden *mortgage loans* oft einfach nur als *mortgage* bezeichnet.

Man unterscheidet zwei Arten von Hypotheken: *fixed-rate mortgage* und *adjustable-rate mortgage*. Bei einer *fixed-rate mortgage* bleiben die Zinsen während der gesamten Laufzeit des Kredites gleich. Bei einer *adjustable-rate mortgage* kann sich die Zinsrate jedoch stark verändern, da sie an die Entwicklung des allgemeinen Zinsniveaus des Landes gekoppelt ist.

Die meisten Hauskäufer bevorzugen daher eine *fixed-rate mortgage*, die normalerweise über 15 oder 30 Jahre läuft. Wenn möglich, sollten Sie versuchen, eine *15-year mortgage* aufzunehmen, da Sie bei dieser wesentlich weniger Zinsen zahlen. Aber nicht nur die Zinsrate ist niedriger, sondern vor allem auch der Betrag, den Sie nach Ablauf der *mortgage* für das Haus gezahlt haben werden. Bei einer Kreditsumme von 150.000 Dollar zahlen Sie bei einer *30-year mortgage* möglicherweise über 100.000 Dollar mehr an Zinsen als bei einer *15-year mortgage*. Der Vorteil einer *30-year mortgage* ist allerdings eine niedrigere monatliche Ratenzahlung, wodurch man sich ein größeres Haus leisten oder Geld anderweitig investieren kann. Auch die höheren Zinsbeträge können unter Umständen ausgenutzt werden, da sie sich von der Einkommensteuer absetzen lassen.

Eine besondere Variante der *fixed-rate mortgage* ist die *balloon mortgage*. Diese hat ebenfalls eine festgeschriebene Zinsrate und damit gleich bleibende monatliche Ratenzahlungen, die in etwa denen einer *30-year mortgage* entsprechen, jedoch beträgt die Laufzeit zumeist nur drei bis zehn Jahre. Am Ende muss der verbleibende, zum Teil noch recht erhebliche Restbetrag auf einmal beglichen bzw. eine neue Hypothek aufgenommen werden. Kann man die restliche Summe nicht aufbringen und sollte man aus irgendeinem Grund keine neue Hypothek bekommen bzw. die Immobilie nicht verkaufen können, droht allerdings das Risiko einer Zwangsvollstreckung *(foreclosure)* und damit der Verlust des bis dahin investierten Geldes.

Eine *adjustable-rate mortgage* bietet anfangs, zumeist für ein Jahr, Zinsen, die um einige Punkte unter der marktüblichen Rate liegen. Danach wird die Höhe der Zinsen dem Markt angepasst und kann unter Umständen stark steigen. Allerdings werden die möglichen Minimal- und Maximalzinsraten oft vertraglich durch *adjustable-rate caps* begrenzt. Sollten Sie eine *adjustable-rate mortgage* ins Auge fassen, sollten Sie diesen *caps* besondere Aufmerksamkeit schenken. Durch eine Umfinanzierung *(refinancing)* lassen sich *adjustable-rate mortgages* in der Regel später in *fixed-rate mortgages* umwandeln. Dies ist besonders empfehlenswert, wenn Sie für letztere aufgrund der allgemeinen Marktlage eine günstige Zinsrate bekommen können.

Eine *adjustable-rate mortgage* und die zuvor beschriebene *balloon mortgage* werden allerdings in erster Linie von Leuten aufgenommen, die von vornherein planen, ihre Immobilie schon nach wenigen Jahren wieder zu verkaufen, also bevor die Zinsen deutlich steigen oder die Restsumme fällig wird. Wer dagegen beabsichtigt, die Immobilie viele Jahre zu behalten, sollte nach Möglichkeit eine *fixed-rate mortgage* aufnehmen.

Denken Sie daran, dass eine *mortgage* kein Gnadenakt von Seiten des Kreditgebers *(lender)* ist, sondern ein lukratives Geschäft. Sie sollten daher nicht als Bittsteller, sondern als informierter Kunde auftreten. Holen Sie verschiedene Angebote ein und vergleichen Sie diese sorgfältig. Gehen Sie mindestens zur *mortgage*-Abteilung der Bank, bei der Sie Ihr Konto haben, und zu einem *mortgage broker*.

Potenzielle Kreditgeber werden nach Ihrer *Social Security Number* fragen, um Ihre *credit history* anzufordern und zudem in der Regel folgende Papiere sehen wollen:

- ► Ihren letzten Gehaltszettel *(paystub)* bzw. Beschäftigungsnachweis *(proof of employment)*,
- ► Steuererklärungen *(federal tax returns)* und
- ► Gehaltsnachweise *(W-2 forms)* der letzten zwei Jahre,
- ► Kontoauszüge *(account statements)* der letzten drei bis sechs Monate,
- ► eine Liste aller Schulden (einschließlich Kreditkarten) und möglicher Unterhaltsverpflichtungen sowie aller Investitionen bzw. Güter, z.B. Ersparnisse im Rahmen privater Altersvorsorge, Aktien, Immobilien und Autos.

> ▶ Wenn Sie schon ein Haus besitzen und dabei sind, eine *mortgage* abzuzahlen, werden Sie die diesbezüglichen Dokumente vorlegen müssen.
> ▶ Wer eine Wohnung mietet, muss wahrscheinlich die Höhe der Miete nachweisen, in der Regel durch Vorlage des Mietvertrags.

Sie werden zudem auch alle Adressen angeben müssen, an denen Sie in den letzten zwei Jahren gewohnt haben. An dieser Stelle sei auch erwähnt, dass häufige Arbeitswechsel, insbesondere in den letzten zwei bis drei Jahren, von potenziellen Kreditgebern nicht gern gesehen werden.

Rechnen Sie damit, dass Sie Ihre finanziellen Verhältnisse bis ins letzte Detail offenlegen müssen. Empfindlichkeiten hinsichtlich Privatsphäre und Datenschutz sind da fehl am Platze. Sehen Sie es einmal aus der Sicht des Kreditgebers: Er wird Ihnen eine große Summe Geld leihen und um abzuschätzen, welches Risiko er mit Ihnen eingeht, braucht er einen umfassenden Einblick in Ihre Finanzen.

Füllen Sie den Kreditantrag *(loan application)* zu Hause aus. Lassen Sie sich mehrere Formulare geben, so dass Sie erst einmal alle Ihre Daten in ein Formular eintragen und beliebig korrigieren können, bevor sie diese dann in Reinform in das zur Abgabe bestimmte Formular eintragen.

Sie sollten darauf Wert legen, dass der Kreditgeber innerhalb von drei Tagen nach Entgegennahme des Kreditantrages einen schriftlichen Kostenvoranschlag über die zu erwartenden Abschlussgebühren *(good faith estimate of closing costs)* ausstellt. Auf jeden Fall muss der Kreditgeber ein *Truth in Lending Act statement* (TILA) anfertigen, das die Einzelheiten des Kredits, einschließlich des effektiven Jahreszinses (APR – *annual percentage rate*), beinhaltet.

Zur Bestimmung Ihres Kreditrahmens wird der Kreditgeber auch schon die ungefähr zu erwartenden Eigentumssteuern *(property taxes* bzw. *real estate taxes)* und Versicherungskosten berücksichtigen.

Idealerweise sollten Sie einen Kredit mit niedrigen Zinsen, keinen *points* und minimalen Gebühren *(origination fees)* aufnehmen. Vergleichen Sie also mehrere Angebote und wählen Sie das günstigste. Um zu verhindern, dass die Zinsen für Ihren Kredit in der Zeit bis zum eigentlichen Hauskauf *(closing)* steigen, können Sie ein *interest rate lock-in* machen, d.h. die Zinsrate für einen bestimmten Zeitraum festschreiben lassen. Fragen Sie den Kreditgeber, ob dafür Gebühren *(lock-in fees)* erhoben werden.

Wenn ein Kreditgeber willig ist, Ihnen eine *mortgage* zu geben, wird er Ihnen eine Vorgenehmigung in Briefform *(letter of pre-approval)* ausstellen. Dieser wird den finanziellen Rahmen für Ihre Haussuche bestimmen. Wenn Sie z.B. für eine *mortgage* bis zu 180.000 Dollar *pre-approved* sind, dann ist das die finanzielle Obergrenze für Ihre Haussuche. Wenn Sie sich dann für ein bestimmtes Haus entschieden haben und dem Verkäufer ein Angebot *(offer)* machen, dann zeigen Sie diesem mit dem *letter of pre-approval*, dass Sie finanziell in der Lage sind, die

Immobilie zu kaufen. Dies ist besonders wichtig, wenn es mehrere Interessenten gibt, denn der Verkäufer wird sich eher mit jemandem einigen wollen, bei dem abzusehen ist, dass finanziell alles reibungslos über die Bühne gehen wird. Außerdem werden Sie Ihre *mortgage* schneller bekommen, da ein großer Teil der Formalitäten bereits erledigt wurde.

Die meisten Kreditgeber bieten auch eine sogenannte Vorqualifizierung *(pre-qualification)* an. Dies nützt Ihnen aber am Ende nichts, da diese, anders als der *letter of pre-approval*, für den Kreditgeber nicht verbindlich ist. Um Letzteren zu bekommen, müssen Sie oft eine Gebühr bezahlen und Ihre finanziellen Verhältnisse werden gründlich geprüft, indem z.B. ein *credit report* eingeholt wird. Die *pre-qualification* ist dagegen kostenlos, dauert oft nur Minuten und ist lediglich ein theoretischer Anhaltspunkt, ob Sie eine *mortgage* bekommen würden. Die Angaben, die Sie zu Ihren Finanzen machen, werden hierbei nicht oder nur oberflächlich geprüft.

Wenn Sie als Einwanderer noch keine ausreichende Kreditvergangenheit nachweisen können, müssen Sie die Kreditgeber durch eine höhere Anzahlung, z.B. deutlich mehr als zwanzig Prozent, und durch den Nachweis eines sicheren und ausreichenden Einkommens davon überzeugen, dass Sie kreditwürdig sind. Je mehr Bargeld Sie haben, desto einfacher wird es sein, eine *mortgage* zu bekommen.

Für den Fall, dass Ihr Kreditantrag abgelehnt wurde, müssen die Gründe dafür innerhalb von dreißig Tagen schriftlich in einer *adverse action notice* dargelegt werden. Die Ablehnung durch einen Kreditgeber bedeutet jedoch nicht, dass andere Firmen genauso entscheiden würden. Jedes Unternehmen hat andere Kriterien für die Kreditvergabe. Nehmen Sie die genannten Ablehnungsgründe aber trotzdem ernst und versuchen Sie nach Möglichkeit, Abhilfe zu schaffen.

Lassen Sie sich nicht auf Wucherzinsen ein. Mieten Sie lieber eine Wohnung oder ein Haus für ein Jahr und bauen Sie sich in dieser Zeit eine überzeugende *credit history* auf. Wenn Sie sich dann erneut um eine *mortgage* bemühen, wird wahrscheinlich alles schon viel einfacher aussehen. Außerdem können Sie diese Zeit nutzen, um sich besser über den lokalen Immobilienmarkt zu informieren.

Es kann nicht oft genug betont werden: Regeln Sie den finanziellen Aspekt des Hauskaufs, bevor Sie überhaupt mit der Haussuche beginnen. Dann wissen Sie, ob und in welcher Höhe Sie einen Kredit bekommen werden.

Immobiliensuche

Nachdem die finanziellen Voraussetzungen für den Hauskauf geschaffen wurden, ist es an der Zeit, sich einen Immobilienmakler (*real estate agent*) zu suchen. Besonders wenn Sie zum ersten Mal ein Haus in Amerika kaufen, sollten Sie nicht auf die Hilfe eines solchen Experten verzichten. Als Käufer kostet Sie das in der Regel nichts.

Real Estate Agent wählen und Suche beginnen

In den USA ist es so, dass Immobilienmakler entweder den Verkäufer als *seller's agent* oder den Käufer als *buyer's agent* vertreten. Der *agent* des Verkäufers teilt sich die Provision *(commission)* mit dem *agent* des Käufers. Die Provision (meistens sechs Prozent) wird dabei grundsätzlich vom Verkäufer bezahlt. Für Sie als Käufer fallen also keine Maklergebühren an und Sie können sich daher während Ihrer Immobiliensuche kostenlos von einem Makler, der Ihre Interessen vertritt, helfen und beraten lassen.

Auch während des Übereignungsprozesses, der sich in der Regel über vier bis sechs Wochen hinzieht, werden Sie durch Ihren *agent* gegenüber dem Verkäufer bzw. dessen *agent* vertreten. Sie müssen also mit dem Verkäufer nicht selbst verhandeln und werden diesen wahrscheinlich bis zum Übereignungstermin *(closing)* auch gar nicht persönlich kennen lernen. Sie sollten zu jedem Zeitpunkt nur mit einem einzigen *real estate agent* zusammenarbeiten, da es sonst möglicherweise zu rechtlichen Streitigkeiten um die Provision kommen kann. Mehr als einen *agent* brauchen Sie ohnehin nicht, da dieser Zugang zu allen Immobilien hat, die auf dem Markt erhältlich sind. Oft werden Sie ohnehin einen Vertrag unterschreiben müssen, in dem Sie Ihrem *agent* das Alleinvertretungsrecht für einen bestimmten Zeitraum zusichern. Sie sollten dieses jedoch auf 30 oder 60 Tage beschränken, so dass Sie bei Unzufriedenheit einen neuen *agent* wählen können.

Der Unterschied zwischen Real Estate Agent und Broker

Der *real estate agent*, der Ihnen bei der Immobiliensuche hilft, arbeitet in einem *real estate office*, das von einem *real estate broker* geleitet wird. Der *real estate agent* musste einen umfassenden Lehrgang besuchen und eine Prüfung ablegen, um eine *real estate license* zu bekommen. Der *real estate broker* hat darüber hinaus schon mehrere Jahre als *real estate agent* arbeiten und weitere Lehrgänge besuchen müssen, bevor er eine zusätzliche Prüfung zum Erwerb der *broker's license* ablegen durfte.

Grundsätzlich muss ein *real estate agent* immer unter einem *real estate broker* arbeiten. Nur dieser kann am Ende die wichtigen Papiere unterschreiben. Dadurch wird vermieden, dass dem *agent* schwerwiegende Fehler unterlaufen. Die Regelungen zum Erwerb der jeweiligen Lizenzen unterscheiden sich zwar von Bundesstaat zu Bundesstaat, führen aber dazu, dass es der Kunde in der Regel mit kompetenten Immobilienmaklern zu tun hat.

Alle Makler, die Mitglieder in der *National Association of Realtors* sind, können sich zudem *realtor* nennen, ganz gleich ob sie *real estate agents* oder *real estate brokers* sind, und haben zudem Zugang zu den lokalen *Multiple Listing Service* (MLS) Datenbanken, die alle zum Verkauf stehenden Immobilien aufführen.

Um einen guten *real estate agent* zu finden, fragen Sie am besten Ihre Freunde, Bekannten und Kollegen, ob diese jemanden empfehlen können. Sollte dies nicht der Fall sein, gehen Sie einfach einmal zu einigen *open houses*, d.h. Immobilien, die für einige Stunden jedermann zur Besichtigung offen stehen. Dort wird sich auch immer der jeweilige *seller's agent* befinden. Wenn einer dieser Makler einen guten Eindruck auf Sie macht, lassen Sie sich seine Visitenkarte geben. Sie können ihn dann später kontaktieren und zu Ihrem *buyer's agent* machen. So gut wie alle Makler sind mit beiden Rollen bestens vertraut. Nach Möglichkeit sollten Sie jedoch jemanden wählen, der dies hauptberuflich macht und Ihnen daher jederzeit zur Verfügung steht, und der bestens hinsichtlich des lokalen Immobilienmarktes auf dem Laufenden ist.

Bei der ersten Kontaktaufnahme wird Sie der *agent* nach allen Ihren Vorstellungen hinsichtlich der Immobilie und der Wohngegend befragen und sich nach Ihren finanziellen Möglichkeiten erkundigen. Er wird dann regelmäßig in der *Multiple Listing Service* Datenbank nachsehen, welche Angebote auf dem Markt Ihren Vorstellungen und finanziellen Möglichkeiten entsprechen, Ihnen E-Mails mit ausgewählten Objekten schicken und gegebenenfalls Besichtigungstermine vereinbaren. Auf diese Weise werden Sie am ehesten eine geeignete Immobilie finden, da die Datenbank, die nur den *real estate agents* zugänglich ist, tagesaktuell und nahezu komplett ist.

Geben Sie Ihrem *agent* stets Rückmeldungen bezüglich der Immobilien, die er Ihnen vorschlägt oder die Sie sich gemeinsam anschauen. Er wird dann eine immer bessere Vorstellung davon bekommen, was Ihnen gefällt und seine Auswahl kritischer treffen, so dass Sie letztlich wirklich bei der Immobilie ankommen, die nahezu maßgeschneidert für Sie scheint. Aber denken Sie daran, am Ende sind Sie es, die den Prozess der Haussuche steuern und die Entscheidungen treffen. Der *real estate agent* steht Ihnen nur beratend zur Seite.

Denken Sie immer daran, dass ein *real estate agent* nur einem Herrn dienen kann. Ihr *agent* sollte nicht gleichzeitig auch den Verkäufer vertreten. Wenn das der Fall ist, wird er im Interesse des Verkäufers handeln, der ihn schließlich bezahlt. Deshalb sollten Sie immer Ihren eigenen *agent* haben, der mit dem *agent* des Verkäufers verhandelt und ausschließlich Ihre Interessen vertritt.

Sie sollten auch selbst regelmäßig die Gegend erkunden und nach Häusern mit »*For Sale*«-Schildern im Vorgarten Ausschau halten. Auf diesen hat der *agent* des Verkäufers seinen Namen und seine Telefonnummer angebracht. Notieren Sie sich diese Angaben, falls Sie Interesse an einem Haus haben, damit Ihr *agent* Kontakt mit dem *seller's agent* aufnehmen kann. Manchmal gibt es an den Schildern auch eine kleine Kiste mit einem Infoblatt zum Mitnehmen, auf dem eine Beschreibung und der Preis des Hauses stehen. An Wochenenden gibt es oft *open houses*, auf die mit entsprechenden Schildern hingewiesen wird und die Sie ohne Voranmeldung besichtigen können. Nehmen Sie auch ruhig Freunde und Bekannte zu Besichtigungen mit und beachten Sie deren Hinweise. Anders als für die *real estate agents* steht für sie nichts auf dem Spiel und sie werden wahrscheinlich nicht davor zurückschrecken, Ihnen ihre kritische Meinung zu den jeweiligen Immobilien zu sagen.

Einige Hausverkäufer haben, um Geld zu sparen, keinen *seller's agent*. Das erkennt man an Schildern mit der Aufschrift »*For Sale by Owner*«. Lassen Sie auch in diesem Fall Ihren *agent* mit dem Verkäufer verhandeln.

Das Internet (z.B. ▶WWW.REALTOR.COM) ist generell ein hervorragendes Mittel, um das Angebot an zum Verkauf stehenden Häusern zu erkunden. In den Eingangsbereichen der Supermärkte gibt es ferner Broschüren mit Hausangeboten in der jeweiligen Stadt oder Gegend.

Foreclosures

Wenn jemand mit seinen monatlichen Ratenzahlungen in Verzug gerät, erlässt die Bank eine *notice of default*. Der Schuldner hat dann drei Monate Zeit, die Raten zu begleichen, bevor der Prozess der Zwangsvollstreckung *(foreclosure)* beginnt und die Immobilie öffentlich zum Kauf angeboten wird. Derartige Immobilien, allgemein *foreclosures* genannt, sind in der Regel sehr preiswert zu bekommen, da die Banken sie schnellstmöglich loswerden wollen. Sie sind oft an der Bezeichnung »*bank owned*« zu erkennen und gezielt auf speziellen Websites, wie ▶WWW.REALTYTRAC.COM, zu finden. Allerdings haben diese Häuser oft eine Reihe von Mängeln, die in den Preis einkalkuliert sind und deshalb vor dem Verkauf nicht mehr behoben werden. Oft fehlen die elektrischen Geräte und nicht selten haben die Vorbesitzer ihre Wut an der Immobilie ausgelassen.

Je nach Zustand des Hauses lässt sich der Preis oft noch deutlich herunter handeln. Ihr *real estate agent* sollte wissen, wie lange die Immobilie schon leer stand. Wenn es so aussieht, dass es seit langem keine Kaufinteressenten gab, sollten Sie ruhig ein sehr niedriges Angebot machen und abwarten ob sich die Bank, die das Haus ja unbedingt verkaufen muss, darauf einlässt. Es kann sein, dass Sie ein Gegenangebot bekommen werden, das trotzdem deutlich unter dem ursprünglichen Preis liegt.

Was die Finanzierung und den Prozess der Übereignung betrifft, gibt es keine Unterschiede zu anderen Immobilien, außer dass der Verkäufer eben keine Privatperson, sondern eine Bank ist.

Nehmen Sie sich ausreichend Zeit für die Haussuche. Das Haus, das Ihren Vorstellungen und Bedürfnissen entspricht, ist möglicherweise noch gar nicht auf dem Markt, wenn Sie mit der Suche beginnen. Jede Woche kommen jedoch Dutzende Häuser in Ihrer Gegend dazu. Geben Sie nicht auf, falls sich die Suche nach der geeigneten Immobilie über Wochen oder Monate hinzieht. Früher oder später werden Sie auf Ihr Traumhaus oder die perfekte Eigentumswohnung stoßen.

Besichtigen Sie so viele Immobilien wie möglich und nehmen Sie einen Fotoapparat und Notizblock mit. Sie werden sich an manchen Tagen ein halbes Dutzend Immobilien anschauen, die man dann im Nachhinein oft kaum noch auseinander halten kann. Lassen Sie sich von Ihrem *real estate agent* zu den einzelnen Immobilien fahren. Zum einen hat er natürlich die entsprechende Ortskenntnis, zum anderen können Sie sich aufmerksam die Gegend anschauen bzw. haben Zeit, sich zwischen den Terminen Notizen zu machen.

Lassen Sie sich bei den Besichtigungen nicht von den *agents* der Verkäufer beschwatzen. Machen Sie Ihre Augen auf: Ist das Dach in Ordnung, sind die Fenster dicht, gibt es Wasserschäden an der Decke oder Feuchtigkeit im Keller? In welchem Zustand sind die Nachbarhäuser und der Straßenbelag? Wie hoch ist der Lärmpegel? Gibt es auffällige Gerüche in der Luft, die etwa auf ein nahegelegenes Klärwerk schließen lassen?

Bei Häusern, die Ihnen gefallen und die Sie möglicherweise in die engere Wahl ziehen werden, sollten Sie eine einfache Skizze vom Grundriss machen, damit Sie sich später an die Lage der einzelnen Räume erinnern und verschiedene besichtigte Immobilien vergleichen können. Nehmen Sie sich ruhig etwas Zeit und hasten Sie nicht zu sehr durch das Haus. An Immobilien, die Ihnen auf Anhieb nicht gefallen, sollten Sie dagegen so wenig Zeit wie möglich verschwenden. Teilen Sie Ihrem *agent* jedoch mit, warum Ihnen die jeweilige Immobilie nicht zusagt, damit dieser ein besseres Verständnis davon bekommt, was Ihnen letztendlich vorschwebt.

Faktoren, die den Hauspreis bestimmen

Der wichtigste Faktor ist der Ort (*location*), wo sich das Haus befindet. Das beginnt bei der Region und geht über den Staat und die Stadt bis in den Stadtteil *(neighborhood)*. Das gleiche Haus, das Sie an einem Ort für 200.000 Dollar sehen, kann einige Straßenzüge weiter schon 250.000 Dollar kosten, in einer anderer Stadt 300.000 Dollar und in einem anderen Staat oder einer anderen Region 400.000 Dollar und mehr.

Bitte beachten Sie: Wenn ein Haus auf den Markt kommt, orientiert sich der Verkäufer beim Festsetzen des Preises grundsätzlich danach, für welchen Betrag vergleichbare Häuser in der Nachbarschaft im Laufe der letzten Monate verkauft wurden. Der Zustand und Wert der anderen Häuser in Ihrer Straße und näheren Umgebung wird sich daher direkt auf den Preis und vor allem auch auf den Wiederverkaufswert Ihrer Immobilie auswirken.

Wenn Sie ein relativ bescheidenes Haus in einer guten Gegend kaufen, werden Sie dieses wahrscheinlich nach einigen Jahren gewinnbringend verkaufen können, insbesondere wenn Sie es renoviert und technisch auf den neuesten Stand gebracht haben. Wenn Sie dagegen ein makelloses Haus in einer ansonsten mehr oder weniger heruntergekommenen Straße besitzen, dann ist es gut möglich, dass die umliegenden Häuser den Wert Ihrer Immobilie deutlich drücken werden.

Also: Kaufen Sie ein Haus, dessen Zustand im Einklang mit den umliegenden Immobilien liegt bzw. das unter deren Niveau liegt und daher preiswerter ist, aber auf deren Stand gebracht werden kann. Ihr *real estate agent* kann Sie unter Umständen auch auf Stadtviertel aufmerksam machen, die gerade eine Renaissance erleben und wo somit eine deutliche Wertsteigerung zu erwarten ist.

Die Verbrechensrate *(crime rate)* ist natürlich immer ein entscheidender Punkt. Je mehr Kriminalität in einer Nachbarschaft, desto billiger die Häuser. Sie können dann aber sicher sein, dass Sie das Haus nur schwer bzw. stark verlustbringend wieder loswerden. Ein weiterer wichtiger Faktor, der den Hauspreis bestimmen kann, ist die Qualität der öffentlichen Schulen *(public schools)*, in deren Einzugsbereich sich das Haus befindet. Wenn die Schulen einen guten Ruf haben, wird es eine größere Nachfrage nach Häusern geben. Das treibt natürlich den Preis nach oben. Allerdings wird Ihnen das auch von Nutzen sein, wenn Sie Ihr Haus wieder verkaufen wollen. Deshalb ist die Schulfrage auch für Leute ohne Kinder von Bedeutung.

Die Größe und der Zustand des Hauses und des Grundstücks *(lot)* spielen natürlich auch eine wichtige Rolle. Häuser mit zwei oder drei Zimmern zusätzlich zum Wohnzimmer sind am beliebtesten, da viele Leute Kinder haben. Kleinere Häuser werden Sie daher wesentlich preiswerter bekommen, aber schwieriger wieder verkaufen können, da die Nachfrage nach diesen wesentlich geringer ist. Einen erheblichen Preisunterschied gibt es in der Regel auch für Häuser mit oder ohne Garage sowie mit oder ohne *air conditioning*. Eine gut ausgestattete Küche und ein modernes Badezimmer (die meisten Häuser haben sogar zwei Bäder) treiben den Preis nach oben.

Häuser mit starkem Renovierungsbedarf werden als *fixer-upper* bezeichnet. Wer ein solches Haus kauft, sollte so viel Sachverstand haben, dass er genau weiß, worauf er sich einlässt, und sollte die Kosten und das Risiko abschätzen können.

Um es abschließend noch einmal zu betonen: Denken Sie schon beim Kauf des Hauses an einen möglichen Wiederverkauf. Kaufen Sie kein Haus, das Sie nur schwer wieder loswerden. Meiden Sie Nachbarschaften, in denen eine überdurchschnittliche Menge an Häusern zum Verkauf steht. Oft gibt es dafür schwerwiegende Gründe, die sich kurzfristig wahrscheinlich nicht ändern werden. Vermeiden Sie auch exzentrisch aussehende Immobilien, die nicht in die Nachbarschaft passen. Diese Häuser verkaufen sich nur sehr schwer.

Gebraucht oder neu kaufen?

Zwei Drittel der Amerikaner kaufen gebrauchte Immobilien. Diese sind preiswerter, befinden sich mehr oder weniger in zentraler Lage und in gewachsenen Nachbarschaften, sind oft stabil gebaut und architektonisch interessant. Allerdings können sie technisch überholt sein und z.B. bald eine neue Heizung oder neue Fenster benötigen. Auch die Wärmedämmung könnte zu wünschen übrig lassen.

Neubauten befinden sich dagegen oft am Stadtrand oder sogar etwas außerhalb, was eine relativ lange Anfahrtszeit zur Arbeit bedeuten kann, sind aber modern ausgestattet und können oft Ihren Wünschen entsprechend maßgeschneidert werden. Bei neuen Häusern lassen sich meistens auch die Kellerräume als Wohnraum nutzen, was bei älteren Immobilien nicht immer der Fall ist. Wenn Sie jedoch ein Haus mit einem sehr großen Garten suchen, werden Sie wahrscheinlich kaum bei den Neubauten fündig werden.

Vorsicht ist auf jeden Fall bei Häusern angebracht, die offiziell als »*historic*« eingestuft sind. Bei diesen gibt es oft strikte Vorschriften, welche Materialien und Farben Sie beim Renovieren verwenden dürfen, und alle Veränderungen am Haus müssen von der zuständigen *historic district commission* genehmigt werden. Manche der *historic houses* sind gar nicht so alt: In den USA kann es durchaus vorkommen, dass ein Haus aus den Dreißiger Jahren als historisch wertvoll eingestuft wird. In der Regel gibt es eine entsprechende Plakette am Haus, die auf diesen Status hinweist.

Lebenserwartung amerikanischer Hausgerätetechnik

Insbesondere wenn Sie eine gebrauchte Immobilie kaufen, sollten Sie einmal auf das Alter der Hausgeräte *(appliances)* achten, damit Sie wissen, mit welchen Kosten Sie in den nächsten Jahren rechnen können. Hier eine Liste der durchschnittlichen Lebenserwartung der verschiedenen Geräte:

Geschirrspüler:	10 Jahre
Kühlschrank:	16 Jahre
Waschautomat:	13 Jahre
Trockner:	14 Jahre
Elektroherd:	17 Jahre
Gasherd:	14 Jahre
zentrale Klimaanlage:	15 Jahre
elektr. Warmwasserbereiter:	14 Jahre
Gas-Warmwasserbereiter:	11 Jahre

(Quelle: *National Association of Home Builders*)

Wenn es an eine Neuanschaffung gehen muss: Waschmaschinen, Trockner, Geschirrspüler, Kochherde und andere Geräte der bei uns bekannten Marken *Miele* und *Bosch* gibt es auch in den USA zu kaufen. Händler-Verzeichnisse gibt es auf deren Websites: ▶ WWW.MIELE.COM und ▶ WWW.BOSCHAPPLIANCES.COM. Die Produkte dieser Firmen sind allerdings vergleichsweise teuer. Falls Sie preiswertere Alternativen suchen, sollten Sie die Berichte von *Consumer Reports* (▶ WWW.CONSUMERREPORTS.ORG) heranziehen. Schauen Sie einmal in der Bibliothek nach der Zeitschrift mit dem gleichem Titel, falls die jeweiligen Produktberichte auf der Website kostenpflichtig sind und Sie nicht dafür bezahlen wollen.

Von einem Developer kaufen

Überall in den USA stampfen Baufirmen *(developers)* neue Eigenheimsiedlungen *(subdivisions)* aus dem Boden. Diese befinden sich meistens am Stadtrand. Wenn Sie ein neues Haus in einer solchen Siedlung erwerben wollen, dann kaufen Sie in der Regel direkt vom *developer.*

In den Eingangszonen der Supermärkte können Sie oft kostenlose Broschüren mit dem Titel »*New Homes*« finden. Diese Werbematerialien geben Ihnen einen guten Überblick über den örtlichen Markt. Nehmen Sie sich viel Zeit, besichtigen Sie zahlreiche Häuser und vergleichen Sie Lage, Ausstattung und Preise.

Wie bei jedem anderen Hauskauf können Sie auch hier oft den Preis herunterhandeln oder, was bei neuen Häusern in der Regel besser funktioniert, Zusatzleistungen vom Verkäufer verlangen, eine schwache Nachfrage nach dem Haus vorausgesetzt. Sie könnten z.B. sagen, dass Sie das Haus zum genannten Preis kaufen würden, aber nur, wenn der *developer* einen Zaun *(fence)* baut. Der kostenlose Zaun, der empfehlenswert ist, wenn Sie einen Hund oder kleine Kinder haben, könnte Ihnen unter Umständen, je nach Größe des Grundstücks, weit über tausend Dollar sparen. Sie könnten weitere bzw. andere Extras verlangen, wie z.B. ein elektrisches Garagentor *(electric garage door opener)* oder bessere Küchengeräte *(kitchen appliances).*

Manchmal ist das Haus, das vom *developer* angeboten wird, noch nicht gebaut. Sie können ein Musterhaus *(model home)* besichtigen und haben oft die Möglichkeit, spezielle Veränderungswünsche für das Haus, das für Sie gebaut werden soll, vorzubringen. Aber natürlich ist es ein Risiko, etwas zu kaufen, was es noch nicht gibt.

Die in den Werbebroschüren angegebenen Preise sind meistens auf die Häuser mit der preiswertesten Ausstattung und den kleinsten Grundstücken bezogen. Die *de-*

velopers bieten normalerweise eine Reihe von *upgrades* an, d.h. bessere Materialien, mehr Grundstück und eine bessere technische Ausstattung der Häuser. Das treibt natürlich die Preise nach oben. Wenn die Klimaanlage *(air conditioning)* nicht im Grundpreis inbegriffen ist, sollten Sie diese unbedingt als *upgrade* nehmen oder beim Verhandeln des Kaufpreises als kostenlose oder preislich reduzierte Zusatzleistung verlangen. Selbst wenn Sie nicht beabsichtigen, die Klimaanlage oft zu benutzen, so ist diese doch für einen späteren Wiederverkauf wichtig, da die meisten Amerikaner mittlerweile ein Haus ohne Klimaanlage nicht mehr akzeptabel finden.

Von besonderer Wichtigkeit ist natürlich die Garantie *(warranty)*, die das kostenlose Beheben von Mängeln für eine bestimmte Anzahl von Jahren sicherstellt. Kaufen Sie keinen Neubau ohne Garantie!

Grundstück kaufen und selbst bauen

Der Kauf unbebauter Grundstücke durch Privatpersonen ist in den USA relativ unüblich, denn die wenigsten Amerikaner bauen ihr Haus selbst. Wer ein nagelneues Haus kauft, erwirbt dieses, wie schon beschrieben, in erster Linie von einem *developer*, der oft ganze Siedlungen komplett nach eigenen Plänen errichtet und potenziellen Käufern einen beschränkten Einfluss auf das Aussehen und die Ausstattung ihrer Häuser erlaubt. Wer jedoch genug handwerkliches und organisatorisches Geschick mitbringt, kann durch einen Bau in eigener Regie viel Geld

sparen. Bauland ist in den meisten Regionen recht preiswert und das Angebot an Materialien groß. Denken Sie
aber daran, dass nicht jedes Stück Land, das man kaufen
kann, auch automatisch geeignetes Bauland ist. Dafür
kann es verschiedenste Gründe geben:

- ▶ Das Bauen ist aus Umweltschutzgründen untersagt.
- ▶ Das Stück Land ist laut örtlicher Vorschriften zu
  klein, um bebaut zu werden.
- ▶ Es gibt keinen Anschluss an die öffentliche Was-
  serversorgung und es ist auch nicht genug Grund-
  wasser vorhanden, um einen Brunnen zu graben.
- ▶ Der Erdboden besteht aus felsigem Gestein.
- ▶ Der Grundwasserspiegel ist zu hoch.
- ▶ Es gibt Probleme mit dem Eigentumsrecht des
  Grundstücks.

Man sollte sich genau nach dem örtlichen Flächennut-
zungsplan *(zoning)* und nach den Bauvorschriften *(building codes)* erkundigen und einen *contractor* mit der Koor-
dinierung und Aufsicht des Baus beauftragen.

Zoning

Alle lokalen Verwaltungen haben einen verbindlichen Flächennut-
zungsplan, der im jeweiligen Gebiet *residential use* (Wohnen) und
commercial use (kommerzielle Nutzung) vorschreibt bzw. erlaubt.
Die örtlichen *zoning laws* schreiben auch vor, welche baulichen
Veränderungen Sie auf Ihrem Grundstück vornehmen dürfen. Erkundigen Sie sich also genau, bevor Sie an Ihr Haus anbauen oder
eine Garage bzw. einen Schuppen errichten wollen, und holen Sie
die entsprechende Genehmigung *(permit)* ein.

Der Kauf

Ein Immobilienkauf ist mit allerlei rechtlichen Fragen und einem enormen Papierkrieg verbunden, von dem Sie sich jedoch nicht einschüchtern lassen sollten. Lesen Sie dieses Kapitel aufmerksam, um einen Überblick über den Kaufprozess zu bekommen, und lassen Sie sich von Ihrem *real estate agent* und gegebenenfalls auch von einem Anwalt beraten.

Alleine oder gemeinsam mit anderen kaufen?

Wenn Sie eine Immobilie alleine kaufen, dann besitzen Sie diese rechtlich gesehen in *sole ownership*. Kaufen Sie gemeinsam mit anderen, dann gibt es verschiedene Möglichkeiten hinsichtlich der Rechtsform:

Ehepaare sind in der Regel *joint tenants with right of survivorship*, d.h. im Todesfall geht der Eigentumsanteil des verstorbenen Ehepartners automatisch auf den hinterbliebenen Partner über, selbst wenn es ein anders lautendes Testament *(will)* oder einen Ehevertrag *(prenuptial agreement)* gibt.

Falls Sie jedoch Ihren Anteil lieber an jemand Anderen, z.B. Ihre Kinder, vererben wollen, sollten Sie die Immobilie besser als *tenants in common* kaufen. Diese Rechtsform kann auch von unverheirateten Paaren und von Freunden und Verwandten gewählt werden, die eine Immobilie gemeinsam erwerben möchten. Alle Teileigner sollten dann in ihren Testamenten festschreiben, an wen sie ihre Anteile an der Immobilie vererben wollen. Empfehlenswert ist das Aufsetzen eines schriftlichen Vertrages *(contract)*, der z.B. Verfahrensweisen festlegt, falls Teileigentümer ihre Anteile verkaufen oder vermieten wollen. Denken Sie daran, dass es Jahre nach dem gemeinsamen Kauf durchaus zu Streit kommen kann und dass mündliche Absprachen dann oft nicht mehr viel wert sind.

Die Beratung durch einen Anwalt ist auf jeden Fall ratsam, ganz gleich, welche Form gemeinschaftlichen Besitzes Sie wählen.

Wichtig: Falls Sie eine Immobilie gemeinsam mit Ihrem Lebenspartner kaufen, sollten Sie beide unbedingt eine Lebensversicherung *(life insurance)* abschließen, damit der Partner finanziell abgesichert ist und z.B. das Haus oder die Eigentumswohnung nicht verliert, falls einer von Ihnen sterben sollte und die Immobilie noch nicht abgezahlt ist. (Viele amerikanische Arbeitgeber bieten eine Lebensversicherung sehr preiswert als Teil der Vergütung an.)

Ein Kaufangebot machen

Wenn Sie Ihr Traumhaus gefunden haben, machen Sie dem Verkäufer *(seller)* ein schriftliches Kaufangebot *(offer)*. Dieses sollte unter dem Preis liegen, den der Verkäufer verlangt. Es sei denn, es gibt viele Interessenten für das Haus und Sie möchten von Anfang an auftrumpfen. Dies sollte allerdings auch wirklich der Fall sein. Nur weil es der *agent* des Verkäufers sagt, muss das noch lange nicht so sein.

Wenn ein Haus schon längere Zeit auf dem Markt ist, können Sie davon ausgehen, dass die Nachfrage nicht sehr hoch sein wird. Schauen Sie sich einmal genau das Foto des Hauses an, das im Internet oder in anderen Anzeigen abgebildet wird. Gibt es Blätter an den Bäumen? Gibt es andere Hinweise, dass das Foto in einer zurückliegenden Jahreszeit aufgenommen wurde? Wenn ja, dann ist es wahrscheinlich, dass der Verkäufer Schwierigkeiten hat, das Haus loszuwerden. Das gibt Ihnen natürlich Verhandlungsspielraum. Andererseits sollten Sie sich aber auch fragen, warum das Haus so lange keinen Käufer fand. Möglicherweise gibt es schwerwiegende Mängel. Ihr *agent* sollte auch wissen, wie lange das Haus schon zum Verkauf stand und zu welchen Preisen vergleichbare Häuser ursprünglich angeboten und dann tatsächlich verkauft wurden. Alle diese Faktoren sollten in Ihre Verhandlungsstrategie einfließen.

Nachdem der Verkäufer Ihr Angebot erhalten hat, wird er wahrscheinlich einen neuen Preis nennen, der zwischen dem ursprünglichen Betrag und Ihrem Angebot liegt. Sie können dieses Gegenangebot *(counter-offer)* akzeptieren oder Ihrerseits wiederum ein neues Angebot machen. Wie lange Sie dieses Spiel fortsetzen wollen, ist Ihnen überlassen. Sie sollten jedoch realistisch bleiben und die Geduld des Verkäufers nicht zu sehr strapazieren. Lassen Sie sich von Ihrem *real estate agent* beraten, wie Sie in dieser Angelegenheit vorgehen sollen.

Neben Ihrem Kaufangebot *(offer)* stellen Sie auch einen Scheck in Höhe von etwa einem Prozent des Immobilienpreises aus. Diesen Scheck nennt man *deposit* oder *earnest money* und er zeigt dem Verkäufer, dass Sie es mit Ihrem Kaufangebot ernst meinen. Wenn der Verkäufer Ihr Kaufangebot nicht akzeptiert hat bzw. Sie nicht das Gegenangebot, muss er Ihnen auf jeden Fall das *deposit* wiedergeben. Vermeiden Sie trotzdem ein höheres *deposit*, da es doch einmal passieren kann, dass Sie das Geld nicht oder nur per Rechtsstreit wiederbekommen.

Das Schriftstück, mit dem Sie Ihr Angebot machen *(offer)* und das Ihre Unterschrift trägt, wird zum Kaufvertrag *(sales agreement)*, wenn der Verkäufer Ihr Preisangebot und Ihre Bedingungen *(terms)* annimmt und es ebenfalls unterschreibt. Im *sales agreement* sollte ein Zeitrahmen (normalerweise vier bis sechs Wochen) festgeschrieben sein, währenddessen Sie sich Ihre *mortgage* besorgen. Halten Sie als Vorbedingung *(contingency)* fest, dass der Kauf nur stattfindet, falls Sie eine *mortgage* bekommen. *(The sale is »subject to«* oder *»contingent upon« obtaining appropriate financing.)* Machen Sie den Kauf auch abhängig von einer Inspektion des Hauses *(contingent upon home inspection)* durch einen professionellen Inspektor *(home inspector)* und die Offenlegung von Mängeln durch den Verkäufer *(seller's disclosures)*. Das schriftliche *disclosure statement* listet die Mängel des Hauses auf. Es wird nach Unterzeichnung des *sales agreement* ausgestellt. Wenn Sie durch das *disclosure statement* von Mängeln erfahren, von denen Sie bis dahin nichts wussten, dann sollten Sie einen Preisnachlass oder die Behebung der Mängel verlangen bzw. vom Kauf zurücktreten. Finden Sie später andere, verborgene Mängel an dem Haus, so liefert Ihnen das unvollständige *disclosure statement* wichtige Munition in einem eventuellen Rechtsstreit. Generell ist das *disclosure statement* auch eine Absicherung für den Verkäufer, da er so nachweisen kann, dass er den Käufer über eventuelle Mängel informiert hat. Lesen Sie sich das *disclosure statement* genau durch, oft werden allgemeine, harmlos klingende Worte gewählt, die über das wahre Ausmaß der Mängel nicht wirklich Aufschluss geben, aber trotzdem ausreichend sind, um den Verkäufer abzusichern. Bringen Sie das *disclosure statement* mit zur *home inspection*.

Home Inspection

Die *home inspection* findet in der Regel ein bis zwei Wochen nach der Unterzeichnung des *sales agreement* statt. Einen guten *home inspector* finden Sie durch Empfehlungen von Freunden oder Kollegen bzw. Ihres *real estate agents*. Sie können auch das Telefonbuch zu Rate ziehen, aber mit persönlichen Empfehlungen werden Sie am besten fahren. Fragen Sie einfach herum, viele Ihrer Freunde und Kollegen werden in den letzten Jahren ein Haus gekauft haben und Ihnen einen guten *home inspector* empfehlen können.

Kaufen Sie auf gar keinen Fall ein Haus, ohne es vorher von einem *home inspector* auf Mängel untersuchen zu lassen. Die *home inspection* wird ein paar hundert Dollar kosten, kann Ihnen aber unter Umständen tausende Dollar und viel Ärger ersparen, falls das Haus Schäden aufweist, die möglicherweise erst nach Monaten oder Jahren zu Tage treten können. Begleiten Sie den *home inspector* durch das Haus, stellen Sie viele Fragen und lassen Sie sich alles erklären. Ziehen Sie sich alte Sachen an, da Sie vielleicht auf dem Dachboden oder im Keller herumkriechen werden. Findet der *home inspector* wesentliche Mängel, so können Sie von dem Kauf Abstand nehmen, den Preis neu verhandeln oder die Reparatur durch den Verkäufer verlangen. Deshalb ist es wichtig, die *home inspection* als *contingency* im *sales agreement* aufzuführen.

Home Protection Plan

Sie sollten versuchen, von dem Verkäufer eine Garantie *(home protection plan)* zu verlangen. Diese muss ebenfalls im *sales agreement* festgehalten sein und zum Zeitpunkt des Verkaufes vom Verkäufer erworben werden. Der Verkäufer garantiert, dass die Wasserrohre, die elektrischen Anlagen, das Heizungssystem, die Klimaanlage und die anderen technischen Geräte im Haus einwandfrei funktionieren, und erwirbt für einige hundert Dollar eine Versicherung, die im Falle eines Schadens die Reparaturkosten übernimmt. Diese Versicherung wird in der Regel für ein Jahr abgeschlossen und kann dann vom Käufer fortgeführt werden. Wenn der Verkäufer nicht bereit ist, die Kosten zu übernehmen, dann sollten Sie selbst eine solche Versicherung zusätzlich zur üblichen *homeowner's insurance* abschließen. Viele Verkäufer werden sich aber darauf einlassen, da es sie gegen mögliche spätere Forderungen des Käufers absichert.

Das Haus auf Radon testen

Das geruchlose, radioaktive Gas Radon ist nach Rauchen die zweithäufigste Ursache für Lungenkrebs in den USA.

Das Gas gelangt durch Risse im Fundament ins Haus. Bei Häusern auf dem Lande, die einen eigenen Brunnen *(well)* als Wasserquelle haben, kann Radon auch durch das Wasser ins Haus eindringen.

Statistisch gesehen hat jedes fünfzehnte Haus in den USA erhöhte Radonwerte, d.h. die Testwerte liegen bei 4 pCi/L *(picoCuries per liter)* oder höher. Testen Sie Ihr Haus auf dieses Gas, ganz gleich, wo Sie wohnen und wie Ihr Haus gebaut ist. Verlassen Sie sich nicht auf die Testwerte in den Nachbarhäusern, da es von Haus zu Haus große Unterschiede geben kann.

Getestet wird das unterste bewohnte Geschoss. Wenn der Keller als Wohnraum genutzt wird, dann sollte hier getestet werden. Testrichtlinien, Firmen, die Tests durchführen bzw. *test kits* verkaufen und auswerten, und qualifizierte Handwerker, die bei Bedarf Abhilfe gegen erhöhte Radonwerte schaffen können, finden Sie in der Regel auf den offizlellen Websites der einzelnen Bundesstaaten. Umfangreiche Informationen gibt es auch auf der Website der Umweltbehörde *EPA* (▶WWW.EPA.GOV). Dort finden Sie auch ein Verzeichnis der sogenannten *state radon offices* (▶WWW.EPA.GOV/IAQ/CONTACTS.HTML), d.h. der zuständigen Stellen der einzelnen Bundesstaaten.

Sie können den Radontest aber auch selbst durchführen, indem Sie ein preiswertes *radon test kit* in einem Baumarkt kaufen oder von einem entsprechenden Anbieter per Post bestellen. Diese Testvorrichtungen werden für mindestens zwei Tage aufgestellt und dann an ein Labor geschickt. Der Bedienungsanleitung sollte genau Folge geleistet werden, um möglichst aussagekräftige Ergebnisse zu bekommen. Wirklich präzise Testergebnisse werden aber nur erreicht, wenn qualifiziertes Personal professionelle Testgeräte für einen Zeitraum von mehr als neunzig Tagen aufstellt, was im Vorfeld eines Hauskaufs natürlich nicht praktikabel ist. Stattdessen können Sie jedoch meistens auch den *home inspector* mit dem Radontest beauftragen und so ausreichende Testwerte bekommen.

Der Radonwert beträgt in der freien Luft durchschnittlich 0,4 pCi/L. Der Durchschnittswert für Häuser liegt bei etwa 1,3 pCi/L. Wenn Sie erhöhte Werte (über 4 pCi/L) messen, ist starker Handlungsbedarf angesagt. In den meisten Häusern, die erhöhte Werte haben, ist es durchaus möglich, diese auf unter 2 pCi/L abzusenken. Eine alternative Angabe von Testresultaten ist WL *(working levels)*. Sollte der Radonwert für Ihr Haus 0,02 WL (was in etwa 4 pCi/L entspricht) oder höher sein, dann sollten Sie für Abhilfe sorgen.

Wenn Sie ein neues Haus bauen lassen, sollten Sie aufpassen, dass das Haus *radon-resistant* gebaut wird. Passive Maßnahmen, bei denen es sich je nach Fundament um unterschiedliche Beschichtungen und Versiegelungen sowie Abzugsrohre handelt, kosten bei einem Neubau normalerweise weniger als 500 Dollar. Sollte der Einbau eines aktiven Systems in Form eines elektrischen Luftabzuges *(vent fan)* notwendig sein, werden zusätzlich etwa 350 Dollar fällig. In einem schon bestehenden Haus sind die Kosten wesentlich höher. Sie können hier mit einem Betrag zwischen 1.000 und 2.500 Dollar für den Einbau von einem Radonverminderungssystem *(radon mitigation system)* rechnen. Wenn Radon durch Brunnenwasser ins Haus gelangt, schaffen spezielle Filter oder Belüftungsanlagen Abhilfe.

Wählen Sie zur Ausführung der Arbeiten einen qualifizierten *radon mitigation contractor*. In einigen Staaten müssen solche Leute zertifiziert sein, in anderen jedoch nicht. Fragen Sie auf jeden Fall nach der Qualifikation und holen Sie sich mehr als einen Kostenvoranschlag ein. Lassen Sie sich auch die Telefonnummern vorheriger Kunden geben, d.h. fragen Sie nach *references*. Halten Sie Kosten, Zeitrahmen und Garantien in einem Vertrag fest. Dieser sollte auch beinhalten, dass der *contractor* alle notwendigen Genehmigungen *(licenses)* einholt, sich an die örtlichen Bauvorschriften *(building codes)* hält, per *liability insurance* versichert und für entstehenden Schaden *(damage)* verantwortlich ist sowie nach Abschluss der Arbeiten aufräumt und sauber macht *(clean-up)*. Es sollte auch festgehalten werden, ob die gegebenen Garantien im Falle eines Hausverkaufs auf den neuen Besitzer übertragbar *(transferable)* sind.

Beauftragen Sie nicht den ausführenden Handwerker, sondern einen unabhängigen Tester mit der Messung der Radonwerte vor und nach den Umbauten.

Schritte bis zur Übereignung

Das *sales agreement* sollte festhalten, wann Sie einziehen werden und dass das Haus zu diesem Zeitpunkt von dem Verkäufer geräumt sein muss. Halten Sie auch fest, dass Sie das Haus noch einmal kurz vor dem Verkaufsabschluss *(closing)* besichtigen werden.

Jetzt beginnt der komplexe Prozess der Übereignung. Dieser ist mit viel Papierkram und, wie bereits erläutert, mit einer Menge Gebühren *(closing costs)* verbunden. Wenn Sie auf Nummer sicher gehen wollen, dann lassen Sie alle Papiere von einem Anwalt durchsehen, der auf diesem Gebiet Erfahrung hat.

Nachdem Sie das *sales agreement* unterschrieben haben, müssen Sie sich um die *mortgage* kümmern. Wie eingangs in diesem Ratgeber beschrieben, sollten Sie sich um die Finanzierung schon lange vor dem Kauf bemüht haben und bereits *pre-approved* sein. Sie gehen jetzt zu Ihrem Kreditgeber und leiten den tatsächlichen Prozess zum Erhalt einer *mortgage* für die gewählte Immobilie ein.

Der Kreditgeber wird eine Schätzung *(appraisal)* des Immobilienwertes veranlassen. Wenn dieser nicht ausreicht, um als Sicherheit für die *mortgage* zu dienen, kann diese verweigert werden. Bitte beachten Sie, dass der zu diesem Zweck geschätzte Wert *(appraised value)* etwas anderes ist, als der separat ermittelte *assessed value*, welcher der Besteuerung der Immobilie zu Grunde gelegt wird. Beim *appraised value* handelt es sich um den ungefähren Marktwert der Immobilie, also den wahrscheinlichen Preis im Falle eines Verkaufs. Der *assessed value* ergibt sich dagegen aus den Bewertungs- und Berechnungsgrundlagen der lokalen Verwaltungsbehörden und kann als Zahlenwert deutlich vom *appraised value* abweichen.

Da Kreditgeber auch kein Geld für Immobilien leihen wollen, mit denen es möglicherweise besitzrechtliche Probleme geben wird, beauftragen sie spezielle Firmen mit einer *title search*, um festzustellen, ob der *seller* wirklich zum Verkauf der Immobilie berechtigt ist. Eine *title insurance policy*, die Sie als Käufer bezahlen müssen, versichert den Kreditgeber gegen Fehler in dieser Nachprüfung. Wenn Sie auch für sich selbst jedes Risiko ausschließen wollen, sollten Sie zusätzlich eine *owner's title insurance policy* abschließen.

Desweiteren wird der Kreditgeber eine *flood certification* veranlassen. Sollte das Haus in einem flutgefährdeten Gebiet liegen, wird eine *flood insurance policy* verlangt werden, die normalerweise nicht Teil einer *homeowner's insurance* ist.

Eine *homeowner's insurance* ist unbedingt abzuschließen. Wenn das Haus per *mortgage* finanziert wurde, wird der Kreditgeber diese Versicherung ohnehin von Ihnen verlangen. Wenn Sie die Versicherung nicht selbst abschließen, wird der Kreditgeber Ihr Haus versichern und Ihnen die Rechnung schicken. Das ist meistens teurer, als wenn Sie sich eigenständig einen Versicherer suchen. Es gibt zwei Formen von *homeowner's insurance*: Eine *replacement-cost policy* zahlt im Schadensfall die Kosten für die Anschaffung eines gleichwertigen Ersatzes und ist normalerweise zehn Prozent teurer als eine *cash value policy*, die lediglich den Zeitwert des zu Ersetzenden berücksichtigt. Besitzer älterer Häuser wählen meistens *replacement-cost policies*, während Eigentümer neuer Immobilien *cash value policies* bevorzugen.

Einige Kreditgeber werden auch eine Landvermessung *(survey)* veranlassen, um die genauen Grundstücksgrenzen zu prüfen.

Der gesamte Prozess dauert mehrere Wochen. Wenn alle Dokumente vorliegen und die *mortgage* für das Haus genehmigt wurde, ist es Zeit für das sogenannte *closing*, d.h. für den endgültigen Abschluss des Kaufvorganges. Am Tag vor dem *closing* sollten Sie das Haus noch einmal kurz besichtigen *(final walk-through)*, um sich zu überzeugen, dass sich das Haus im gewünschten Zustand befindet und dass der Verkäufer ausgezogen ist. Gehen Sie nicht zum *closing*, wenn der Verkäufer noch nicht ausgezogen ist, sonst kaufen Sie unter Umständen das Haus und haben den vorherigen Eigentümer als Mieter in Ihrer Immobilie wohnen!

Die Stunde der Wahrheit: Closing

Zum Treffen aller an der Übereignung und Finanzierung beteiligten Parteien, dem sogenannten *closing*, werden neben Ihnen wahrscheinlich folgende Personen anwesend sein: ein Angestellter der *title company*, der die Eigentumsverhältnisse bestätigt und meistens auch das *closing* leitet, der Verkäufer und dessen *real estate agent* sowie Ihr *agent* und Ihr Kreditgeber. Käufer und Verkäufer können auch ihre Anwälte teilnehmen lassen. Hier gibt es allerdings örtlich unterschiedliche Gepflogenheiten, so dass die Zahl der anwesenden Personen auch durchaus geringer sein kann. Fragen Sie Ihren *real estate agent* im Voraus, was Sie zu erwarten haben und fragen Sie ihn auch, wer sich in Ihrem Fall um die amtliche Eintragung der Übereignung *(transfer of title)* kümmern wird.

Bringen Sie zum *closing* Ihre Ausweispapiere mit und ferner alle Dokumente, die Sie soweit im Zusammenhang mit dem Immobilienkauf bekommen haben, sowie die Schecks zur Begleichung der *closing costs* (Sie werden die entsprechenden Beträge schon vor dem *closing* erfahren und sich für diese in der Regel sogenannte *cashier's checks* von Ihrer Bank ausstellen lassen müssen).

Sie werden beim *closing,* das etwa 90 Minuten dauern wird, mit zwei Parteien Dokumente unterzeichnen: zum einen mit dem Kreditgeber alle Dokumente, welche die *mortgage* betreffen, zum anderen mit dem Verkäufer der Immobilie, was die Übertragung des Eigentums regelt.

Laut Gesetz können Sie sich das *HUD-1 settlement statement,* das alle Kosten auflistet, 24 Stunden vor dem *closing* von Ihrem Kreditgeber vorlegen lassen. Vergleichen Sie die aufgeführten *closing costs* mit denen, die im *good faith estimate*, das Sie beim Stellen des Kreditantrages erhalten haben, aufgeführt sind. Achten Sie darauf, dass Beträge, die Sie bereits gezahlt haben, nicht noch einmal von Ihnen verlangt werden. Stellen Sie starke Abweichungen vom *good faith estimate,* wie unbekannte Kostenpunkte oder deutliche Erhöhungen von Gebühren, in Frage.

Sie werden beim *closing* eine ganze Reihe von Papie-
ren unterschreiben müssen: Das *final TILA statement*
beschreibt die Einzelheiten der *mortgage*. Die *mortgage
note* enthält Ihre Verpflichtung, den Kredit zurückzuzah-
len, und die Maßnahmen, die der Kreditgeber ergreifen
kann, falls Sie dies nicht machen. Die *mortgage/deed of
trust* gibt dem Kreditgeber einen Anspruch auf die Immobilie, falls Sie der in der *mortgage note* gegebenen Zahlungsverpflichtung nicht nachkommen.

Lassen Sie sich von der Anzahl der Dokumente, die man
Ihnen zur Unterzeichnung vorlegt, nicht abschrecken. Da
müssen alle Immobilienkäufer in den USA durch!

Wichtig: Wenn es sich um ein neues Haus handelt,
brauchen Sie ein *certificate of occupancy* von der zuständigen Lokalverwaltung, damit Sie einziehen dürfen.

Nach dem Kauf

Das Schlimmste liegt hinter Ihnen! Nachdem Sie die Finanzierung, die Immobiliensuche und den Kaufprozess bewältigt haben, können Sie Ihre neu erworbene Immobilie jetzt genießen. In diesem Kapitel finden Sie praktische Tipps und Informationen zu finanziellen Fragen, die nach dem Erwerb Ihres Wohneigentums relevant sind.

Strom und Gas anmelden

Die Nummern der lokalen Gas- und Stromversorger *(utilities)* können Sie aus dem Telefonbuch oder am Auskunftsschalter der Stadtbibliothek *(public library)* erfahren. In manchen Städten können Sie Strom und Gas von derselben Firma beziehen, in anderen Städten wird getrennt versorgt. Rufen Sie bei den jeweiligen Firmen an und sagen Sie: »*I would like to set up an account.*« Man wird Sie nach Ihrem Namen, Ihrer Anschrift etc. fragen. Wenn Sie noch keine Kreditvergangenheit in Amerika haben (im Kapitel »Finanzen« umfassend erläutert), wird man unter Umständen ein *security deposit* verlangen. Diese Kaution dient dem Unternehmen als Sicherheit, falls Sie Ihre Rechnungen nicht bezahlen.

Renovieren und Instandhaltung

Bevor Sie in eine gebrauchte Immobilie einziehen, werden Sie sicher einige Renovierungsarbeiten durchführen müssen. Möglicherweise wird sich das auf das Streichen der Wände und das Verlegen von neuen Teppichböden beschränken, oft werden aber auch eine Reihe anderer Arbeiten notwendig, z.B. die Renovierung von Küche und Bädern und die Anschaffung neuer Geräte. Auch hier sollten Sie schon einen möglichen Wiederverkauf im Auge haben und eine Wertsteigerung der Immobilie anstreben, so dass ein Verkauf so gewinnbringend wie möglich sein wird.

Denken Sie daran, dass Amerikaner größten Wert auf attraktive Küchen und Badezimmer legen. Investieren Sie Ihr Geld hier zuerst, wenn es ans Renovieren geht. Ihre Küche sollte unbedingt einen großen Kühlschrank und einen Geschirrspüler haben. Diese Geräte verbleiben ebenso wie die Einbauküche im Haus bzw. in der Eigentumswohnung, wenn Sie wieder ausziehen, denn Amerikaner wollen in eine funktionale Immobilie einziehen und haben in der Regel keine Lust, sich mit der Anschaffung von Kücheneinrichtungen herumzuschlagen.

Es versteht sich auch von selbst, die Immobilie fortlaufend instand zu halten. Die meisten *community colleges* bieten *home repair* Kurse an, wo man lernen kann, einfache Reparaturen selbst durchzuführen. Auch im Internet kann man detaillierte Anleitungen finden, z.B. auf ▶WWW.DOITYOURSELF.COM. Sie werden staunen, wie viele Reparaturen man selbst vornehmen kann, und wie viel Geld sich langfristig damit sparen lässt. Relativ preiswerte Materialien und Werkzeuge gibt es in großen Baumärkten wie *Home Depot* und *Lowe's*. Bestimmte Werkzeuge können dort auch ausgeliehen werden. Fragen Sie auch Freunde und Bekannte um Rat. Viele Amerikaner kennen sich gut mit einfachen Reparaturen aus und besitzen oft auch die entsprechenden Werkzeuge. Sollten Sie doch einmal einen Handwerker brauchen, sollten Sie ebenfalls Kollegen oder Freunde fragen, ob diese jemanden empfehlen können.

Lassen Sie sich unbedingt einen Kostenvoranschlag *(estimate)* geben, bei größeren Projekten, z.B. bei einem neuen Dach oder neuen Fenstern, sollten Sie sich Angebote *(bids)* von mehreren *contractors* einholen. Während ein *estimate* nur ein ungefährer Kostenvoranschlag ist, bekommen Sie bei einem *bid* einen festen Preis angeboten, an den sich der Auftragnehmer, der den Zuschlag erhält, dann auch halten muss. Die Art und der Umfang der Arbeiten, die zu verwendenden Materialien sowie der Zeitrahmen sollten dabei im Voraus schriftlich festgelegt werden. Zahlen Sie nicht den gesamten Preis im Voraus, sondern behalten Sie 30 Prozent zurück bis die Arbeiten abgeschlossen sind.

Bei einem Haus spielt das äußere Erscheinungsbild, insbesondere ein gepflegter Rasen, auf jeden Fall eine enorm wichtige Rolle. Vorsicht jedoch bei den Angeboten von Firmen, die Ihren Rasen mit Chemikalien grüner machen wollen. Diese sind für Hunde giftig oder zumindest krebserregend. Informieren Sie sich lieber auf Websites wie ▶WWW.SAFELAWNS.ORG darüber, wie Sie sich selbst einen natürlich schönen Rasen schaffen können. Falls Sie keine Zeit oder Lust zum Mähen haben, lassen sich oft Kinder oder Jugendliche finden, die das für ein Taschengeld erledigen. Sollten Sie niemanden persönlich kennen, könnten Sie zum Beispiel auch eine kostenlose Anzeige auf ▶WWW.CRAIGSLIST.ORG einstellen.

Die lieben Nachbarn

In den USA kennen sich die meisten Nachbarn nur beim Vornamen, so wie das dort ja z.B. auch am Arbeitsplatz üblich ist. Die unmittelbaren Nachbarn werden sich bei Ihnen wahrscheinlich schon vorstellen, wenn Sie noch beim Möbelausladen sind.

Das nachbarschaftliche Verhältnis ist in Amerika fast immer freundlich, geht aber meistens über *small talk* nicht hinaus. Fehden zwischen Nachbarn sind so gut wie unbekannt. Anders als in Deutschland, würde kaum jemand auf die Idee kommen, sich über Kleinigkeiten aufzuregen oder zu streiten. Themen wie Politik, Sex und Religion sollte man in Unterhaltungen mit seinen Nachbarn allerdings grundsätzlich vermeiden. Greifen Sie lieber auf Unverfängliches wie Wetter, Sport, Rasenpflege oder Kinder zurück.

Denken Sie daran, sich in Ihrem Garten nicht »oben ohne« oder gar nackt zu sonnen. Sorgen Sie auch dafür, dass Ihre Haustiere nicht auf die Nachbargrundstücke laufen oder dort ihr Geschäft verrichten.

Steuern

Als Hausbesitzer müssen Sie, wie bereits erwähnt, *property taxes* zahlen. Diese Steuern sind die Haupteinnahmequelle amerikanischer Kommunen und finanzieren zum großen Teil die örtlichen Schulen, Polizei und Feuerwehr, Bibliotheken, Straßenbau und Parks. Der Finanzbedarf der Kommunen bestimmt daher die Höhe der *property taxes*, die im Normalfall mehrere Tausend Dollar im Jahr betragen und sich nach dem Wert der Immobilie richten. In der Regel werden Sie höhere Steuern als der Vorbesitzer entrichten müssen, da der Wert der Immobilie nach jedem Verkauf neu bestimmt *(assessed)* wird. Für die Schätzung und die Besteuerung des Wertes gibt es in jedem Bundesstaat ein anderes System und auch die Höhe der Steuern kann sich ganz erheblich unterscheiden. An einigen Orten ändert sich der Steuerbetrag jährlich, an anderen nur alle paar Jahre. Allen gemein ist, dass die Steuerwerte für jede Immobilie der Öffentlichkeit zugänglich gemacht werden und Sie sich so einen Eindruck verschaffen können, ob die Steuern für Ihre Immobilie vergleichbar mit denen ähnlicher Objekte sind. Falls Sie glauben, dass Sie zu viel bezahlen, können Sie beim *assessment appeal board* Einspruch einlegen. Erkundigen Sie sich gegebenenfalls auch, welche örtlichen Besteuerungsrichtlinien es hinsichtlich des teilweisen oder vollständigen Vermietens der Immobilie gibt.

Der Besitz eines Hauses hat aber auch erfreuliche steuerliche Aspekte. So können Sie die Zinsen für Ihre *mortgage* im Rahmen Ihrer jährlichen Einkommensteuererklärung *(tax return)* als *tax deduction* von der Steuer absetzen, d.h. Sie können die gezahlten Zinsen von Ihrem Bruttoeinkommen abziehen und entrichten dann nur für den verbleibenden Betrag Einkommensteuer. Das lohnt sich besonders in den ersten Jahren, wenn ein größerer Teil der Ratenzahlungen der Begleichung von Zinsen dient. Die *property tax* ist ebenfalls *tax deductible*.

Auf Grund dieser Steuervorteile müssen Sie weniger *federal income tax* von Ihrem Lohn oder Gehalt abziehen lassen, wodurch Sie monatlich mehr Geld zur Verfügung haben. Lassen Sie von einem Steuerberater *(tax accountant)* berechnen, wie viel Steuern monatlich von Ihrem

Einkommen abgezogen werden sollten, so dass Sie am Jahresende dem Staat weder zu viel schulden noch zu viel gezahlt haben. Fragen Sie Ihren Steuerberater auch, ob Sie Ihre Umzugskosten von der Steuer absetzen können.

Mortgage Servicer

Ein sogenannter *mortgage servicer* nimmt Ihre Ratenzahlungen entgegen, verwaltet den *escrow account* und schickt Ihnen ein jährliches *mortgage statement*, das Auskunft darüber gibt, wie Ihre Zahlungen für die Begleichung der Kreditsumme, Zinsen, Steuern und Versicherung aufgewandt wurden. Der *mortgage servicer* kann der Kreditgeber oder ein in dessen Auftrag arbeitender Dienstleister sein.

Seien Sie nicht überrascht, wenn der Kreditgeber, bei dem Sie die *mortgage* aufgenommen haben, diese an eine andere Firma verkauft. Wenn sich Ihr *mortgage servicer* ändert, müssen Sie sowohl vom alten als auch vom neuen schriftlich unterrichtet werden. Die Modalitäten der *mortgage* bleiben bei einem solchen Wechsel unverändert. Überprüfen Sie alle Unterlagen sorgfältig und widersprechen Sie schriftlich, falls Sie Fehler entdecken. Der *mortgage servicer* ist gesetzlich verpflichtet, Widersprüche innerhalb von sechzig Arbeitstagen zu bearbeiten.

Prepayments

Wenn Sie jeden Monat etwas mehr als die geforderte Rate bezahlen, können Sie die Laufzeit der *mortgage* um Jahre verkürzen und tausende Dollar an Zinsen sparen. Schon 50 Dollar mehr pro Monat können einen gewaltigen Unterschied machen. Erkundigen Sie sich aber erst bei Ihrem *mortgage servicer*, ob Ihr Kreditvertrag Strafgebühren im Falle vorzeitiger Abzahlung *(pre-payment penalties)* vorsieht und wie diese zu vermeiden sind. Mit manchen Kreditgebern kann man auch einen *biweekly pre-payment plan* vereinbaren. Anfangs muss zwar eine Gebühr *(setup fee)* von einigen hundert Dollar gezahlt werden, letztlich sparen Sie aber durch diese Zahlungsmethode viele tausend Dollar.

Biweekly Mortgage

Bei einer *biweekly mortgage* wird alle zwei Wochen eine halbe Monatsrate gezahlt. Die Hypothek wird so schneller abgezahlt, da sich dreizehn statt zwölf gezahlte Monatsraten ergeben (26 halbe Monatsraten). Eine *30-year mortgage* in Höhe von 200.000 Dollar mit 6,5% Zinsen ergibt z.B. eine monatliche Ratenzahlung von 1.264,14 Dollar. Bei einer *biweekly mortgage* werden somit alle vierzehn Tage 632,07 Dollar gezahlt. Dadurch wird die Hypothek beinahe sechs Jahre früher abgezahlt und es ergeben sich Zinseinsparungen von 58.747,11 Dollar!

Aber aufgepasst: Sollte der Kreditgeber zusätzliche Bearbeitungsgebühren für eine *biweekly mortgage* verlangen, könnten Sie stattdessen auch einfach herkömmliche Monatsraten zahlen und diese einfach um den Betrag erhöhen, der sich ergibt, wenn sie eine Monatsrate durch zwölf teilen und zu dem Ergebnis noch den kleinen Betrag addieren, der sich ergibt, wenn Sie eine halbe Monatsrate durch 360 teilen. (Dividieren Sie durch 180, wenn es sich um eine *15-year mortgage* handelt.) Die Einsparungen an Zinsen und die Verkürzung der Laufzeit entsprechen dann nahezu denen einer gebührenfreien *biweekly mortgage*.

Durch ein schnelleres Abbezahlen des Kredites sparen Sie auch bei den Versicherungskosten, da Sie die *mort-*

gage insurance, die Sie aufnehmen mussten, wenn Ihr *down payment* weniger als zwanzig Prozent war, eher als vorgesehen loswerden.

Die *mortgage insurance* kann auf Verlangen des Hauseigentümers storniert werden, wenn die Kreditsumme weniger als 80 Prozent des ursprünglich geschätzten Hauswertes *(original appraised value)* beträgt. Bei 78 Prozent ist der *mortgage servicer* verpflichtet, die *mortgage insurance* zu beenden. Allerdings gibt es Ausnahmen, z.B. wenn der Kreditnehmer als risikoreich eingeschätzt wird *(high-risk borrower)*, nachdem er einige Raten nicht bezahlt hat, oder wenn die Immobilie vom Käufer nicht mehr selbst bewohnt, sondern vermietet wird.

Refinancing

Nehmen wir einmal an, dass Sie eine *mortgage* mit sieben Prozent Zinsen abgeschlossen haben. Ein paar Jahre später sinkt die allgemeine Zinsrate jedoch auf fünf Prozent. Wer erst jetzt eine *mortgage* abschließt, bezahlt zwei Prozent weniger Zinsen.

Aber auch Sie können in den Genuss niedrigerer Zinsen kommen, indem Sie ein *refinancing* durchführen. Suchen Sie sich ein Finanzunternehmen aus, das ein *refinancing* zu günstigen Bedingungen anbietet. Dieses Unternehmen wird Ihre alte *mortgage* in einer Summe abbezahlen und eine neue *mortgage* mit Ihnen abschließen. Der Vorteil für Sie ist, dass Sie nun weniger Zinsen bezahlen und dadurch die monatlichen Raten geringer werden. Der Anreiz für den neuen Kreditgeber liegt darin, dass er jetzt mit Ihnen im Geschäft ist und an Ihren Zinsen verdient. Praktisch gewinnen also beide: Sie sparen Geld und der Kreditgeber hat Sie als Kunden gewonnen. Der Verlierer ist der alte Kreditgeber, der daher unter Umständen ebenfalls zu einem *refinancing* bereit sein könnte, um Sie als Kunden zu behalten.

Beachten Sie aber, dass eventuell recht hohe Gebühren anfallen können, sie sollten ein *refinancing* daher nur dann machen, wenn die Einsparungen höher als die Gebühren sind.

Durch ein *refinancing* können Sie auch einen *30-year loan* in einen *15-year loan* umwandeln und so den Kredit nicht nur schneller abzahlen, sondern auch ganz erheblich bei den Zinsen sparen.

Diese beschriebene Form des *refinancing* wird *rate-and-term refinancing* genannt, da die Zinsrate *(interest rate)* und möglicherweise die Laufzeit *(term)* geändert wird.

Im Falle niedriger Zinsen und steigender Immobilienwerte wählen einige Hausbesitzer jedoch eine sogenannte *cash-out refinancing*. Dabei wird der verbliebene *mortgage*-Betrag beim *refinancing* durch eine bestimmte Summe erhöht, welche der Kreditnehmer ausgezahlt bekommt. Hauptsächlich wird dies gemacht, um mit dem Geld hochverzinste Kreditkartenschulden abzubezahlen. Man sollte aber genau nachrechnen, ob die derart eingesparten Zinsen nicht durch die Kosten der nun länger laufenden *mortgage* übertroffen werden. Auch sollte man aufpassen, dass die Kreditsumme dann nicht mehr als

80 Prozent des geschätzten Immobilienwertes beträgt, da man ansonsten wieder *private mortgage insurance* bezahlen müsste.

Versicherungen

Als Immobilienbesitzer sollten Sie sich sowohl gegen Schäden an Ihrem Eigentum *(property damage)* als auch gegen mögliche gerichtliche Klagen versichern, die jemand erheben könnte, der auf Ihrem Grund und Boden zu Schaden kommt *(personal liability)*. Eine *homeowner's insurance* sichert Sie in beiden Bereichen ab und ist Pflicht, so lange Sie eine *mortgage* abbezahlen. Sollten Sie die Versicherung kündigen oder der Bezahlung nicht nachkommen, dann benachrichtigt das Versicherungsunternehmen den Kreditgeber, der dann eine Zwangsvollstreckung *(foreclosure)* einleiten kann. In Sachen Versicherung gehen die Banken keinerlei Risiko ein und die *homeowner's insurance* muss bereits vor dem *closing* abgeschlossen werden. Sie sollten also mit dem Vergleichen der verschiedenen Anbieter beginnen, sobald Ihr Kaufangebot akzeptiert wurde. Fragen Sie Ihren *real estate agent*, ob dieser einen Versicherungsanbieter empfehlen kann.

In den USA gibt es sieben standardisierte Formen von *homeowner policies*, fünf für Eigenheimbesitzer, eine für Besitzer von Eigentumswohnungen und eine für Mieter.

Die fünf Varianten für Eigenheimbesitzer bieten Versicherungsschutz in unterschiedlichem Umfang, wobei Hochwasser *(flood)*, Erdrutsch *(landslide)*, Erdbeben (*earthquake*) und andere Schadensursachen höherer Gewalt ausgeschlossen sind, zum Teil jedoch durch Zusatzversicherungen abgedeckt werden können. Eine *flood insurance* ist oft sogar vorgeschrieben, sollte sich die Immobilie in einem potenziellen Überschwemmungsgebiet befinden.

Bei Eigentumswohnungen schließt die *homeowners association* normalerweise eine Versicherung für das Gemeinschaftseigentum ab. Um Ihren persönlichen Besitz zu versichern, müssen Sie aber noch eine zusätzliche Versicherung abschließen.

Namhafte Versicherungen sind u.a. *Allstate, Geico, Progessive* und *State Farm*. Auf ►www.NETQUOTE.COM können Sie die Preise einiger Anbieter vergleichen.

Wohneigentum vermieten

Das Vermieten von Wohnraum dient nicht wenigen Immo-
bilienbesitzern in den USA als wichtige Einnahmequelle.
Auch wenn Sie zum ersten Mal Wohneigentum in den USA
kaufen, sollten Sie diese Möglichkeit zumindest erwägen.
Durch den Kauf einer Immobilie mit mehreren Wohneinheiten (z.B. ein *duplex* oder ein *triplex*) könnten Sie nämlich selbst in dem Haus wohnen und zudem einen mehr
oder weniger großen Teil Ihrer monatlichen Hypotheken-
zahlungen durch Mieteinnahmen begleichen.

Sie sollten sich allerdings im Voraus klar machen, dass
Sie Zeit und Mühe für Verwaltung und Instandhaltung auf-
wenden müssen. Möglicherweise werden Sie sich auch
mit problematischen Mietern herumärgern. Als Vermieter
müssen Sie (oder ein Vertreter) jederzeit erreichbar sein,
falls Reparaturen anfallen, für die Sie dann in jedem Fall
auch die Kosten übernehmen müssen, vom tropfenden
Wasserhahn bis zur nicht funktionierenden Klospülung
oder Heizung. Die örtliche Stadtverwaltung wird zudem in
der Regel einmal im Jahr Ihre vermieteten Einheiten *(rental units)* inspizieren und Sie dazu zwingen, alle eventuellen Mängel umgehend zu beheben.

Was die Rechte von Vermieter *(landlord)* und Mieter
(tenant) betrifft, kann es von Staat zu Staat und von Ort
zu Ort erhebliche Unterschiede geben und Sie sollten sich
über diese unbedingt informieren, bevor Sie Wohnraum
vermieten. Machen Sie sich deshalb mit den *state housing
laws* Ihres Bundesstaates vertraut, die Sie im Internet

(▶WWW.FINDLAW.COM) bzw. in den meisten Bibliotheken finden können, und fragen Sie bei der örtlichen Verwaltung nach einer Broschüre mit den lokalen Vorschriften *(local housing laws)*.

Geschäftliche Aspekte

Als Vermieter werden Sie sich um eine ganze Reihe geschäftlicher Aspekte kümmern, d.h. Sie müssen einen angemessenen Mietpreis ermitteln, den Wohnraum inserieren, geeignete Mieter auswählen, Verträge abschließen, jeden Monat die Miete einnehmen, ein Budget für Instandhaltung und Reparaturen erarbeiten sowie über alle Ausgaben und Einnahmen detailliert Buch führen. Zu diesem Zweck sollten Sie sich *property management software* zulegen, z.B. *Rent Right* (▶WWW.RENT-RIGHT.COM).

Planen Sie unbedingt finanzielle Durststrecken ein, z.B. längere Leerstände und Verzug bei Mietzahlungen. Sie sollten trotzdem in der Lage sein, Ihre Hypothekenraten zu zahlen und auch Geld für unerwartete und teure Reparaturen bereithalten. Finanzielle Reserven für mindestens drei Monate sind deshalb ratsam. Bei rechtlichen Streitigkeiten mit Mietern werden Sie zudem nicht umhinkommen, einen Anwalt einzuschalten.

Ihre Steuererklärung sollten Sie von einem Steuerberater *(tax accountant)*, der sich mit vermieteten Immobilien *(rental properties)* auskennt, anfertigen lassen. Ihre durch Vermieten gemachten Einnahmen müssen zwar versteuert werden, jedoch können viele Instandhaltungs-

und Reparaturkosten von der Steuer abgesetzt werden, ebenso wie Ausgaben für Anwälte, Steuerberater und teilweise auch für Versicherungen. Führen Sie daher penibel Buch über alle Ausgaben und Einnahmen und heben Sie alle Kassenzettel und Rechnungen auf, denn die Steuerbehörde *IRS* könnte unter Umständen von Ihnen verlangen, alle auf Ihrer Steuererklärung gemachten Angaben nachzuweisen.

Empfehlenswert ist in diesem Zusammenhang ein Bankkonto *(checking account)* separat von Ihrem Privatkonto. Die *IRS* verlangt auf jeden Fall, dass Sie die Ausgaben für den Teil des Hauses, den Sie vermieten, klar von denen für Ihren eigenen Wohnraum trennen. Treffen Sie sich am besten mit einem Steuerberater, sobald Sie mit dem Vermieten beginnen, um Steuertipps zu bekommen, die speziell auf Ihre Situation zutreffen.

Die richtigen Mieter finden

Die meisten Mietverträge *(leases)* werden lediglich für ein Jahr abgeschlossen, so dass Sie Mieter, die Sie nicht mögen, relativ schnell wieder loswerden können, indem Sie mit diesen einfach keinen neuen Mietvertrag abschließen. Dies ist insbesondere praktisch, wenn Sie eine Immobilie mit bereits vermietetem Wohnraum kaufen. Die bestehenden Mietverträge werden von Ihnen zwar übernommen, müssen jedoch nach deren Ablauf normalerweise nicht erneuert werden, so dass Sie den Wohnraum dann entweder selbst nutzen oder anderweitig vermieten können. Sie sollten übrigens nicht damit rechnen, dass ein Mieter länger als ein bis zwei Jahre bei Ihnen wohnen bleibt, denn Amerikaner sind ein extrem umzugsfreudiges Volk.

Ansonsten lassen sich die meisten Probleme jedoch durch die Auswahl der richtigen Mieter schon von vornherein weitgehend vermeiden. Inserieren Sie kostenlos auf ▶WWW.CRAIGSLIST.ORG (möglichst mit Fotos) und bringen Sie »*For Rent*«-Schilder mit Ihrer Telefonnummer an der Immobilie an. Sie können dann Besichtigungstermine mit interessierten Personen vereinbaren.

Aufgepasst: Sollte ein Interessent schon bei der Besichtigung jede Kleinigkeit bemängeln bzw. die Miete deutlich herunterzuhandeln versuchen, dann werden Sie wahrscheinlich auch in Zukunft Probleme mit diesem Mieter haben. Sagen Sie einfach, dass es noch andere Interessenten gibt und Sie noch abwarten wollen, wie sich diese entscheiden werden.

Potenzielle Mieter sollten Sie auf jeden Fall ein *rental application form* ausfüllen lassen. (Kostenlose Vordrucke können Sie durch eine entsprechende Google-Suche finden.) Das Formular sollte u.a. die *Social Security Number*, Angaben zum Arbeitsplatz und zum Einkommen, gegenwärtige und vorherige Adressen (mit Telefonnummern der Vermieter) und Angaben zu Familienmitgliedern bzw. anderen geplanten Mitbewohnern enthalten. Lassen Sie sich außerdem die Fahrerlaubnis des Antragstellers zeigen.

Das Antragsformular sollte einen Satz enthalten, dass der Antragsteller Ihnen durch seine Unterschrift erlaubt, einen *credit report* einzuholen. Die zwanzig Dollar, die Sie hierfür ausgeben, werden Sie unter Umständen vor ernsthaften Problemen bewahren. Rufen Sie auch den Arbeitgeber an, um das Beschäftigungsverhältnis zu bestätigen. (Vertrauen Sie nicht der Telefonnummer auf dem Formular, sondern ziehen Sie das Telefonbuch heran, um sicherzustellen, dass Sie wirklich mit dem Arbeitgeber und nicht etwa mit einem Freund des Antragstellers sprechen.) Das Gleiche gilt für gegenwärtige und vorherige Vermieter. Prüfen Sie alle Angaben auf dem Antragsformular gründlich.

Achtung: Passen Sie auf, dass Sie nicht gegen Antidiskriminierungsgesetze verstoßen. Laut *Civil Rights Act* dürfen Sie potenzielle Mieter nicht aufgrund Ihrer Rasse diskriminieren und laut *Fair Housing Act* nicht hinsichtlich Rasse, Hautfarbe, Geschlecht, Nationalität, Familienstand (einschließlich Zahl der Kinder), Behinderung oder Religion. Sollten Sie jedoch lediglich eine, zwei oder drei Wohneinheiten in dem Haus vermieten, in dem Sie ebenfalls Ihren Hauptwohnsitz haben, trifft das *Fair Housing Act* bei der Auswahl der Mieter letztlich nicht zu. Allerdings dürfen Ihre Wohnungsinserate keinerlei diskriminierende Aussagen enthalten. Vermeiden Sie also jegliche Aussagen bezüglich der gewünschten Mieter und beschreiben Sie stattdessen ausschließlich den Wohnraum.

Viele Bundesstaaten und sogar lokale Verwaltungen haben ebenfalls Antidiskriminierungsgesetze, die möglicherweise über die genannten Bundesgesetze hinausgehen und z.B. auch Diskriminierung aufgrund der sexuellen Orientierung verbieten. Um Probleme zu vermeiden, sollten Sie einfach alle potenziellen Mieter gleich behandeln, alle ein *rental application form* ausfüllen lassen und dann aufgrund von Faktoren wie Beschäftigungsverhältnis, Einkommen, *credit history* usw. entscheiden. Informieren Sie alle Interessenten, ob und welche Haustiere Sie erlauben und ob Sie diesbezüglich bestimmte Beträge auf Miete und Kaution aufschlagen.

Sie sollten auf jeden Fall feststellen, ob ein potenzieller Mieter in der Lage ist, die Miete pünktlich und zuverlässig zu bezahlen. Rufen Sie zu diesem Zweck ehemalige Vermieter an und holen Sie die entsprechenden Auskünfte ein. Fragen Sie bei dieser Gelegenheit auch, ob es Probleme irgendwelcher Art mit dem betreffenden Mieter gab.

Lassen Sie sich zudem vom gegenwärtigen Arbeitgeber die auf dem Antragsformular gemachten Angaben zum Einkommen bestätigen. Von Rentnern lassen Sie sich deren Bezüge nachweisen. Die Miete sollte in der Regel nicht mehr als 33 Prozent des Bruttoeinkommens betragen. Bei Studenten ohne nennenswertes eigenes Einkommen ist es üblich, dass ein Elternteil den Mietvertrag als *co-signer* unterschreibt und damit unter Umständen zum Bezahlen der Miete gezwungen werden kann.

Holen Sie einen *credit report* ein, damit Sie sehen, wie hoch der Mieter verschuldet ist und ob er seine Rechnungen pünktlich bezahlt. Firmen, die Sie damit beauftragen können, finden Sie auf ▶ WWW.PUBLICRECORDSOURCES.COM in der Rubrik »*Tenant Screeners*«. Sie können aber auch Mitglied bei den drei *credit reporting agencies* werden, dafür bezahlen Sie jeweils ca. 30 Dollar Jahresgebühr plus

15 Dollar pro *credit report*. Das lohnt sich, wenn Sie mehrere Wohnungen zu vermieten haben.

Zum Einholen des *credit report* brauchen Sie die schriftliche Einwilligung des potenziellen Mieters und dessen *Social Security Number* (beides ist auf der *rental application* anzugeben). Zudem müssen Sie nachweisen, dass Sie der Besitzer der Immobilie sind. Falls Sie einen Antragsteller aufgrund des *credit report* ablehnen, sind Sie laut *Fair Credit Reporting Act* verpflichtet, diesem den Namen und die Telefonnummer des *credit bureau* oder der *screening company* mitzuteilen, da er das Recht hat, deren Informationen anzufechten. In allen anderen Fällen sind Sie aber nicht verpflichtet, Ihre Ablehnung zu begründen.

Wenn Sie einen Mieter ausgewählt haben, sollten Sie diesen umgehend informieren, damit dieser nicht woanders eine Wohnung mietet.

Wie hoch sollte die Miete sein?

Die Höhe der Miete wird natürlich durch den Markt bestimmt. Lassen Sie sich von den Mietpreisen vergleichbarer Wohneinheiten in Ihrer Nachbarschaft leiten. Ziehen Sie Inserate auf ►WWW.CRAIGSLIST.ORG und in der Lokalzeitung heran, um diese Preise zu ermitteln. Wenn Sie die Immobilie nicht auch selbst bewohnen, sondern als reine Einnahmequelle besitzen, sollten die Mieteinnahmen natürlich hoch genug sein, um Hypothekenraten, Steuern, Versicherung und Reparaturen sowie mögliche Leerstandszeiten abzudecken und nach Möglichkeit noch einen Gewinn zu erwirtschaften. Setzen Sie diese anfangs lieber ein wenig höher an und korrigieren Sie nach unten, falls sich keine Mieter finden lassen. Machen Sie Ihre Apartments gegebenenfalls durch kostenloses Internet oder Kabelfernsehen attraktiver. In einigen Städten gibt es *rent control laws*, die Ihren Spielraum insbesondere in Sachen Mieterhöhungen beschränken können. Informationen dazu erhalten Sie bei der jeweiligen Stadtverwaltung.

Was die Kaution *(security deposit)* betrifft, sollten Sie sich ebenfalls nach den örtlichen Gesetzen erkundigen. In der Regel kann das hinterlegte Geld nur zur Reparatur ernsthafter Schäden, wie z.B. Brandflecke und größere Löcher in Wänden oder Teppichen, verwendet werden. Eine normale Teppichreinigung oder einen neuen Anstrich müssen Sie dagegen aus eigener Kasse bezahlen. Vielerorts müssen Sie dem Mieter im Mietvertrag mitteilen, auf welcher Bank das Geld hinterlegt wurde, und oft auch die Zinsen mit auszahlen. Damit es später keinen Streit gibt, sollten Sie unmittelbar vor dem Einzug zusammen mit dem Mieter die Wohnung besichtigen und auf einer detaillierten Checkliste festhalten, ob es irgendwelche Schäden gibt. Diese sollten Sie umgehend beheben. Ansonsten bestätigt der Mieter mit seiner Unterschrift, das Apartment ohne Schäden übernommen zu haben. Ferner sollten Sie vor dem Einzug Fotos von der Wohnung machen.

Mancherorts können Sie auch die letzte Monatsmiete schon im Voraus einnehmen, in einigen Staaten kann die *last month's rent* Bestandteil der Kaution sein. Erkundigen Sie sich auch hier nach den örtlichen Vorschriften.

Die Miete wird in amerikanischen Mietverträgen in der Regel als jährliche Gesamtsumme und als monatliche Ratenzahlungen festgehalten. Schreiben Sie genau fest, wann, wie und wo die monatliche Mietzahlung fällig ist. Zum Beispiel könnten Sie festlegen, dass Ihnen die Miete zum Ersten jeden Monats per Scheck an Ihre Adresse geschickt werden muss. Der Mietvertrag sollte auch Strafgebühren für verspätetes Zahlen *(late fees)* und ungedeckte Schecks *(bounced checks)* festhalten.

Mietverhältnisse beenden

Ihre Mieter werden über die Jahre hinweg fortlaufend wechseln. Die meisten Mieter werden ganz normal zum Ende der Vertragslaufzeit ausziehen, aber manch ein Mieter wird möglicherweise auch einfach vorzeitig verschwinden und andere Mieter werden Sie vielleicht hinauswerfen müssen, weil sie ihre Miete nicht bezahlen.

Bei einem Mietverhältnis, das monatlich gekündigt werden kann *(month-to-month agreement)* sollte von beiden Seiten mindestens 30 Tage vorher das Ende angekündigt werden. Beachten Sie dazu die gesetzlichen Vorschriften des jeweiligen Bundesstaates.

Ein Mietvertrag, der über einen bestimmten Zeitraum, meistens ein Jahr, abgeschlossen wurde, muss von beiden Seiten erfüllt werden und kann nicht einfach gekündigt werden. Erst zum Ablauf des Mietzeitraums kann der Mieter entweder ausziehen bzw. einen neuen Mietvertrag abschließen oder sich mit Ihnen gegebenenfalls auf ein monatliches Mietverhältnis einigen. Schicken Sie dem Mieter ca. 60 Tage vor Ablauf des Vertrages einen kurzen Brief und fragen Sie ihn, ob er einen neuen Mietvertrag unterschreiben möchte. Teilen Sie in dem Brief mit, ob Sie eine Mieterhöhung planen oder nicht. Auf diese Weise haben Sie dann ausreichend Zeit, entweder einen neuen Mietvertrag auszuhandeln oder neue Mieter zu finden, so dass Sie idealerweise keinen Leerstand und Mietausfall haben werden.

Rückzahlung der Kaution

Legen Sie vor dem Auszug des Mieters einen gemeinsamen Besichtigungstermin fest und weisen Sie dabei auf mögliche Schäden an der Wohnung hin. Teilen Sie dem Mieter mit, dass Sie einen Teil der Kaution *(security deposit)* zur Begleichung der Reparaturkosten verwenden und den Restbetrag dann per Post schicken werden. Die Kaution kann jedoch nur für die Behebung wirklicher Schäden, z.B. Löcher in den Wänden und Brandflecke im Teppich, verwendet werden. Eine normale Teppichreinigung und einen frischen Anstrich der Wände, wie sie vor dem Einzug neuer Mieter üblich sind, müssen Sie aus eigener Tasche bezahlen.

Beachten Sie unbedingt die örtlichen Fristen für die Rückzahlung der Kaution bzw. des Restbetrages nach Schadensbehebung und senden Sie den entsprechenden Betrag per Scheck an die neue Adresse des Mieters, die Sie sich vor dem Auszug geben lassen sollten. Fügen Sie gegebenenfalls eine Liste der Reparaturkosten bei, damit der Mieter nachvollziehen kann, warum er welchen Betrag zurückerhält.

In den meisten Bundesstaaten sind Sie nicht dazu verpflichtet, ein Mietverhältnis nach Ablauf des Mietvertrages fortzusetzen. Sollte der Mieter zum gegebenen Termin nicht ausziehen, können Sie vor Gericht eine Zwangsräumung *(eviction)* erwirken, allerdings nur, wenn Sie nach Ablauf des Mietvertrages kein Geld mehr einnehmen, da Sie in diesem Fall automatisch ein *month-to-month agreement* eingehen würden.

Weitere Gründe für eine Zwangsräumung wären: das Nichtbezahlen der Miete und andere Verletzungen des Mietvertrages sowie illegale Aktivitäten des Mieters, wie z.B. Drogenhandel oder Prostitution. Sie müssen also auf jeden Fall einen rechtlich soliden Grund haben und die Zwangsräumung vor Gericht erwirken. Ansonsten sind auch Sie zur Erfüllung des Mietvertrages verpflichtet.

Wenn Sie ein kostspieliges Gerichtsverfahren vermeiden wollen, könnten Sie jedoch zunächst versuchen, den Mieter zu einem freiwilligen Auszug vor Ablauf des Mietvertrages zu bewegen. Insbesondere wenn Sie deutlich machen können, dass Sie vor Gericht auf jeden Fall eine Zwangsräumung erwirken werden und Sie dem Mieter etwas Zeit geben möchten, eine andere Wohnung zu finden, sollten Sie diesen Weg nach Möglichkeit beschreiten. Lässt sich der unerwünschte Mieter darauf nicht ein, müssen Sie jedoch umgehend ein Zwangsräumungsverfahren einleiten, da sich dieses Wochen oder Monate hinziehen kann. Besonders wenn Sie so etwas zum ersten Mal machen, sollten Sie die Hilfe eines Anwalts in Anspruch nehmen. Eine gute Website mit Informationen zu derartigen rechtlichen Themen ist ►WWW.LAWHELP.ORG.

Wiederverkauf

Wie in diesem Ratgeber wieder und wieder betont wurde, ist der Erwerb von Wohneigentum eine Investition, die u.a. einen gewinnbringenden Wiederverkauf zum Ziel haben sollte. Dieses Kapitel wird Sie informieren, welche Schritte für einen Verkauf notwendig sind und was Sie tun können, um so viel Geld wie möglich für Ihre Immobilie zu bekommen.

Einen guten Real Estate Agent wählen

Wie auch schon beim Kauf, sollten Sie die Dienste eines erfahrenen *real estate agent* in Anspruch nehmen. Dieser ermittelt mit Ihnen einen angemessenen Preis für Ihre Immobilie, vermarktet diese und verhandelt schließlich mit allen Kaufinteressenten. Sie könnten entweder wieder mit dem *agent* zusammen arbeiten, der Ihnen schon bei Ihrem Kauf zur Seite stand, oder sich von Freunden, Kollegen oder Verwandten, die eine Immobilie erfolgreich verkauft haben, den entsprechenden *agent* empfehlen lassen.

Fragen Sie diesen beim ersten Gespräch, wie viele Immobilien er in den letzten sechs Monaten verkauft hat, wie er den Verkaufspreis ermitteln wird (die Antwort sollte *comparative market analysis* lauten), welchen Zeitrahmen er für den Verkauf erwartet und wie er Kaufinteressenten zu finden gedenkt. Er sollte auf jeden Fall etwas vom Internet-Marketing verstehen, denn die meisten potenziellen

Käufer schauen sich hier zuerst um, wenn sie mit der Immobiliensuche beginnen.

Mit dem *real estate agent* Ihrer Wahl werden Sie einen Vertrag unterschreiben, der diesem für einen bestimmten Zeitraum das exklusive Recht einräumt, einen Käufer zu finden und dafür eine bestimmte Provision *(commission)*, meistens sechs Prozent des letztlich erzielten Verkaufspreises, zu erhalten. Sollte die Immobilie nach Ablauf der Vertragszeit noch nicht verkauft sein, können Sie den Vertrag entweder erneuern oder sich einen anderen *real estate agent* suchen. Legen Sie dieser Entscheidung vor allem zugrunde, wie sehr sich der *agent* bemüht hat, die Immobilie an den Mann zu bringen, z.B. durch das Veranstalten von *open houses*. In wirtschaftlich schwierigen Zeiten oder in Gegenden mit einem Überangebot an Immobilien kann das Vermarkten von Wohneigentum trotz aller Anstrengungen sehr schwierig sein und das Ausbleiben von Kaufangeboten muss nicht unbedingt an Ihrem *real estate agent* liegen.

Den Verkaufspreis bestimmen

Der *real estate agent* sollte, wie gesagt, ermitteln, welche Verkaufspreise vergleichbare Immobilien im gleichen Umfeld und in letzter Zeit erzielt haben. Sie sollten den Preis ruhig höher ansetzen, damit Sie bei Verhandlungen mit Kaufinteressenten Spielraum haben und etwas nachgeben können. Falls der Verkauf nicht eilt, können Sie erst einmal einen vergleichsweise hohen Preis wählen, um zu sehen, ob jemand anbeißt. Sollten Sie jedoch schnell verkaufen müssen, dann muss der Preis von vornherein attraktiv sein. Denken Sie auch daran, dass die Nachfrage im Frühjahr und im Sommer am größten ist und Sie daher in diesen Jahreszeiten die besten Preise erzielen können. Ganz generell spielt auch eine Rolle, wie die allgemeine Situation auf dem Immobilienmarkt aussieht. Ist das Angebot an Immobilien größer als die Nachfrage, dann spricht man von einem *buyer's market* und die Verkaufspreise werden negativ beeinflusst. Wenn die Nachfrage jedoch größer als das Angebot ist, liegt ein *seller's market* vor und die Preise lassen sich dementsprechend in die Höhe treiben. Besonders wenn ein *buyer's market* vorliegt, werden Sie ein wachsames Auge auf die anderen Immobilien, die in Ihrer Nachbarschaft in der gleichen Preisgruppe zum Verkauf stehen, werfen müssen, um konkurrenzfähig zu bleiben. Da gilt es nicht nur, den richtigen Preis zu finden, sondern auch das Erscheinungsbild der Immobilie zu optimieren.

Die Immobilie attraktiv machen

Durch einige einfache Maßnahmen können Sie Ihre Immobilie attraktiver aussehen lassen. Dafür sind meistens auch keine großen Geldausgaben notwendig. Geben Sie Ihrem Haus einen frischen Außenanstrich und mähen Sie den Rasen regelmäßig. Pflanzen Sie Blumen rund ums Haus und räumen Sie alle unnötigen Gegenstände weg, sowohl drinnen als auch draußen. Entfernen Sie insbesondere alle Fotos und andere Dinge, die dem Haus eine persönliche Note geben. Sie sollten, so merkwürdig das auch klingen mag, ein neutrales und zugleich attraktives IKEA-Gefühl anstreben. Der potenzielle Käufer sollte sich nicht als Eindringling fühlen, sondern vielmehr vorstellen können, selber in dem Haus bzw. in der Eigentumswohnung zu leben. Alle Dinge, die zu sehr auf die gegenwärtigen Einwohner hinweisen, stören dieses Empfinden und mindern die Verkaufschancen. Ein gründlicher Frühjahrsputz kann deshalb ebenfalls nicht schaden. Putzen Sie auf jeden Fall die Fenster und halten Sie besonders Küche und Badezimmer sauber, da diese Räume bei der Kaufentscheidung oft eine sehr wichtige Rolle spielen. Ein frischer Innenanstrich ist durchaus empfehlenswert. Halten Sie auch die Küchenschränke und den Kühlschrank aufgeräumt, für den Fall, dass jemand einen neugierigen Blick hineinwirft.

Stellen Sie Vasen mit frischen Blumen ins Wohnzimmer und in die Küche und denken Sie daran, dass Amerikaner generell sehr geruchsempfindlich sind. Reinigen Sie deshalb das Katzenklo, lüften Sie gründlich und kaufen Sie einen *air freshener* im Drogeriemarkt. Schalten Sie alle Lampen an, damit Ihre Immobilie hell und freundlich wirkt. Überlegen Sie auch, ob Sie nicht verschiedene Möbelstücke entfernen und vorübergehend einlagern sollten, um die Räume größer aussehen zu lassen. Achten Sie ferner auf Kleinigkeiten wie z.B. die Handtücher im Badezimmer und Spinnweben an der Decke. An kalten Tagen sollte auch ein Feuer im Kamin brennen, falls Sie einen solchen haben. Stellen Sie eine Kanne mit frisch gebrühten Kaffee und einen Teller mit Keksen bereit. Wenn die Kaufinteressenten dann kommen, sollten Sie verschwinden und Ihrem *real estate agent* alles weitere überlassen. Nehmen Sie auf jeden Fall Ihren Hund mit, denn viele Leute haben Angst vor Vierbeinern, die sie nicht kennen.

Faktoren, die den Wiederverkauf von vornherein einfacher machen

Ziegelstein und Holz werden in den ganzen USA als attraktive Baumaterialen akzeptiert, verputzte Häuser dagegen eher nur im Süden des Landes. Auffahrten *(driveways)* sollten aus Asphalt oder Beton sein, unbefestigte Auffahrten senken den Preis. Garagen sollten zwei Autos fassen können und zudem noch Raum bieten, um den Rasenmäher, Fahrräder und andere sperrige Dinge aufzunehmen. In nördlichen Staaten sind frei stehende Garagen wegen der strengen Winter weniger beliebt als solche, die mit dem Haus verbunden sind. Häuser mit einem angenehmen Platz zum draußen Sitzen stehen überall hoch im Kurs. Deshalb ist auch die direkte Umgebung des Hauses (Garten, Nachbarn, Verkehr) beachtenswert.

Der Zustand der Fenster ist ebenfalls ein wichtiger Faktor, obwohl die aus Europa gewohnte Qualität in den USA nur in den seltensten Fällen erreicht wird. Inselküchen mit großen Arbeitsplatten und Spüle unter dem Fenster sind am beliebtesten. Amerikaner haben in der Regel gern umfangreiche Lebensvorräte im Haus, so dass es ausreichend Raum dafür in den Küchenschränken und im Kühlschrank geben sollte. Waschmaschine und Wäschetrockener sollten ebenfalls zur Ausstattung der Immobilie gehören und nach Möglichkeit in einem *laundry room* nahe der Küche untergebracht sein.

Zudem sollte es nach Möglichkeit mehr als eine Toilette geben. Kleiderschränke sollten eingebaut und zum Teil sogar begehbar *(walk-in closets)* sein. Was die Heizung betrifft, und das ist besonders für die Gegenden mit einem richtigen Winter wichtig, so ist das Heizen mit Gas am preiswertesten und mit Elektrizität am teuersten und die entsprechende Ausstattung wirkt sich auch auf die Wiederverkäuflichkeit der Immobilie aus. In warmen Gegenden ist eine Klimaanlage für das gesamte Haus geradezu unabdinglich und in den gesamten USA auf jeden Fall ein Plus. Bieten Sie die Bezahlung einer *home warranty* an, die gegebenenfalls die Reparaturkosten für die Haushaltsgeräte übernimmt.

Das beste Angebot auswählen

Sollten Sie mehrere Angebote für Ihr Haus bekommen, sollten Sie auch darauf achten, ob die Kaufinteressenten, denen Sie den Zuschlag geben wollen, *pre-approved* für eine Hypothek sind. Wenn dies der Fall ist, sind die Chancen geringer, dass am Ende doch noch etwas schief geht. Denken Sie ferner daran, dass die Bank des Kaufinteressenten einen *appraiser* schicken wird, um den Wert der Immobilie zu bestätigen. Damit diese Bestätigung positiv ausfällt, sollten Sie weiterhin dafür sorgen, die Immobilie so attraktiv wie möglich aussehen zu lassen.

Aus- und Umzug

Wenn Sie sich mit einem Kaufinteressenten geeinigt haben, sollten Sie so schnell wie möglich Vorkehrungen für Ihren Aus- und Umzug treffen. Das *closing* und der Einzug des neuen Besitzers werden wahrscheinlich schon nach vier bis sechs Wochen erfolgen.

Gehen Sie zuerst zum Postamt und holen Sie sich dort einen »*Movers Guide*«, ein kleines Heft, das u.a. ein Formular enthält, in das Sie Ihre alte und neue Adresse eintragen, damit Ihnen die Post, die noch an Ihre alte Adresse kommt, nachgeschickt werden kann *(mail forwarding)*.

Neben den üblichen Formalitäten, wie Post ummelden, Telefon, Gas, Strom, Kabelfernsehen abmelden etc., stellt sich bei einem Umzug innerhalb der USA natürlich die Frage des Möbeltransports. Viele Leute mieten einen Lastkraftwagen, beladen diesen selbst und fahren ihn zum neuen Wohnort. Bei Umzügen innerhalb einer Stadt oder bei nicht allzu langen Strecken ist das sehr praktisch und preissparend, insbesondere weil man nur einen kleinen LKW mieten muss, mit dem man dann mehrmals hin und her fahren kann. Informieren Sie sich genau, z.B. in der Führerscheinstelle, ob Sie mit Ihrer Fahrerlaubnis berechtigt sind, die von Ihnen ins Auge gefasste LKW-Größe zu fahren. Bei kleinen LKWs reicht im Allgemeinen eine normale Autofahrerlaubnis.

Die meisten Verleiher haben auch ein umfangreiches Angebot an Verpackungsmaterialien, die Sie auch unabhängig vom Mieten eines Fahrzeugs bzw. im Voraus kaufen können. Stabile Kartons können Sie relativ preiswert in Bau- und Büromärkten kaufen.

Wenn Sie viele Möbel haben und den Umzug nicht alleine bewerkstelligen können oder wollen, dann sollten Sie ein professionelles Umzugs- bzw. Transportunternehmen beauftragen. Für Langstreckenumzüge können Sie Ihre Möbel u.a. von *United Van Lines* bzw. *North American Van Lines* transportieren lassen oder einen Container von *American President Lines* mieten, um nur drei von vielen Anbietern zu nennen. Beginnen Sie rechtzeitig mit der Auswahl eines Transportunternehmens und beachten Sie, dass die meisten Amerikaner während der Sommermonate umziehen und es dann zu Engpässen bei den Umzugsunternehmen kommen kann. Holen Sie kostenlose Preisvoranschläge *(free estimates)* von mehreren Anbietern ein, vereinbaren Sie aber einen verbindlichen

Preis. Die Kosten für Kurzstreckenumzüge werden normalerweise per Stunde berechnet, Langstreckenumzüge nach Gewicht. Zusätzliche Kosten entstehen, wenn Sie das Umzugsgut vom Transportunternehmen verpacken lassen. Wenn Sie alles selbst einpacken, sollten Sie beachten, dass der Fahrer den Transport von ungenügend verpackten Gegenständen ablehnen kann. Weitere Kostenfaktoren sind sperrige Gegenstände, Tragen über Treppen und Fahrstühle sowie Probleme beim Parken, die darin resultieren, dass das Umzugsgut über lange Strecken getragen werden muss. Sorgen Sie deshalb dafür, dass der LKW problemlos vor Ihrer alten und Ihrer neuen Adresse geparkt werden kann. Bitten Sie gegebenenfalls die Stadtverwaltung um Unterstützung beim Reservieren des entsprechenden Parkplatzes. Prüfen Sie ferner, ob Ihr Hab und Gut ausreichend durch das Transportunternehmen versichert wird.

Wenn Sie Sachen für eine bestimmte Zeit einlagern wollen, so können Sie dies bei *self storage*-Firmen machen und dort Lagerräume unterschiedlicher Größe mieten. Die Adressen der örtlichen Anbieter finden Sie in Ihrem Telefonbuch. Verzeichnisse von LKW-Verleihern und Transportunternehmen sowie *self storage*-Adressen und andere Informationen findet man auf ▶WWW.MOVERSUSA.COM und ▶WWW.MONSTERMOVING.COM.

Vergessen Sie letztlich nicht, Ihren Adresswechsel Freunden, Bekannten und dem Arbeitgeber mitzuteilen. Weiterhin sollten Sie die neue Adresse Ihrer Bank und allen Firmen mitteilen, von denen Sie Kreditkarten haben oder bei denen Sie Kredite, z.B. zwecks Autokauf, aufgenommen haben, von denen Sie Zeitungen und Zeitschriften abonniert haben, bei denen Sie versichert sind, die Ihre private Altersvorsorge und andere finanzielle Investitionen verwalten und von denen Sie Kundenkarten haben. Weiterhin sollten Sie Arzt, Zahnarzt, Tierarzt usw. über Ihren Umzug informieren.

200 wichtige Immobilien-Begriffe

abstract of title Die *title insurance company* fertigt den Grundbuchauszug an und listet chronologisch alle Einträge auf, welche die jeweilige Immobilie im Laufe der Zeit betrafen.

acceleration clause Vorfälligkeitsklausel im Kreditvertrag, die dem Kreditgeber ermöglicht, die gesamte ausstehende Restsumme sofort einzuverlangen, sollte der Kreditnehmer bestimmte Festlegungen im Vertrag verletzt haben.

adjustable rate mortgage (ARM) Eine Hypothek mit flexibler Verzinsung. Die Zinsen werden den Raten auf den Finanzmärkten angepasst. Um das Risiko des Kreditnehmers einzuschränken, sollten diese Hypotheken einen festgelegten Grenzwert *(cap)* hinsichtlich Ratenzahlungen oder Zinsraten haben, die in einem bestimmten Zeitraum nicht überschritten werden dürfen.

adults-only community Siedlung, in denen Kinder unter 18 Jahren als ständige Bewohner nicht erlaubt sind.

amenities Annehmlichkeiten, die eine Immobilie attraktiver machen, z.B. Zahl der Schlaf- und Badezimmer oder die Nähe zu öffentlichen Verkehrsmitteln.

amortization Kredittilgung durch regelmäßige (normalerweise monatliche) Ratenzahlungen von Schulden und Zinsen.

amortization schedule Die Kredittilgungstabelle zeigt Ratenbeträge, Schulden, Zinsen und die ausstehende Restsumme für die gesamte Laufzeit des Kredites.

annual cap ▶ *Siehe »cap«*

annual percentage rate (A.P.R.) Effektiver Jahreszins, d.h. die tatsächliche Zinsrate, inkl. *points* und anderen Gebühren für die veranschlagte Laufzeit der Hypothek. Die Offenlegung der A.P.R. ist durch das *Truth-in-Lending Law* gesetzlich vorgeschrieben, so dass potenzielle Kreditnehmer die wirklichen Kosten verschiedener Kreditangebote vergleichen können.

appraised value Geschätzter aktueller Marktwert einer Immobilie, der durch einen qualifizierten Gutachter ermittelt wird. Der Wert kann auf den Wiederbeschaffungskosten, den Verkaufspreisen vergleichbarer Immobilien oder der Eignung der Immobilie, Einkommen zu erzeugen, basieren.

appreciation Wertzunahme einer Immobilie aufgrund von Inflation oder wirtschaftliche Faktoren.

A.P.R. ▶ *Siehe »annual percentage rate«*

ARM ▶ *Siehe »adjustable rate mortgage«*

assessed value Schätzwert einer Immobilie zu Besteuerungszwecken.

assumption Schuldübernahme, d.h. der Immobilienkäufer übernimmt die Hypothek des Verkäufers. Das ist in den USA eher unüblich, kann für den Käufer aber von Vorteil sein, da sich so einige *closing costs* vermeiden lassen und die Zinsrate womöglich niedriger ist als die gegenwärtige Zinsrate für neue Hypotheken. Es hängt vom Vertragstext der bestehenden Hypothek ab, ob der Kreditgeber diese Übernahme verweigern bzw. die Zinsen erhöhen kann.

balloon mortgage Hypothek mit einer großen Einmalzahlung am Ende der Laufzeit.

biweekly mortgage Eine Hypothek, bei der alle zwei Wochen eine halbe Monatsrate gezahlt wird. Diese Hyptheken werden schneller abgezahlt, da sich so 13 statt 12 gezahlte Monatsraten ergeben (26 halbe Monatsraten).

brick Backstein

bridge loan Ein solcher Kredit gilt der Überbrückung der zeitlichen Lücke vom Ende einer Hypothek bis zum Beginn einer neuen Hypothek. Diese kann entstehen, wenn ein Kreditnehmer eine neue Immobilie kauft bevor er den Erlös aus dem Verkauf des vorherigen Wohneigentums erhalten hat. Wird mitunter auch als *swing loan* bezeichnet.

buy-down Eine Hypothek, bei der ein Kreditnehmer als Gegenleistung für den Kauf zusätzlicher *discount points* oder durch eine hohe Anzahlung *(down payment)* eine Zinsrate bekommt, die unter dem üblichen Wert liegt.

cap Limit, um welchen Betrag die monatliche Ratenzahlung oder die Zinsrate einer *adjustable rate mortgage* ansteigen kann. Dies soll den Kreditnehmer vor zu raschen Anstiegen schützen und kann ein *payment cap*, ein *interest cap*, ein *life-of-loan cap* oder ein *annual cap* sein. Ein *payment cap* schränkt die Erhöhung der monatlichen Ratenzahlung ein. Ein *interest cap* schränkt die Erhöhung der Zinsrate ein. Ein *life-of-loan cap* schränkt ein, wie hoch die Zinsrate während der gesamten Kreditlaufzeit ansteigen kann. Ein *annual cap* schränkt ein, wie hoch die Zinsrate innerhalb von 12 Monaten ansteigen kann.

clear title Die Eigentumsrechte an einer Immobilie sind hundertprozentig lastenfrei.

closing Treffen, bei dem die Immobilie durch die Unterzeichnung der entsprechenden Dokumente ihren Besitzer wechselt. In einigen Bundesstaaten gilt die Transaktion allerdings erst als abgeschlossen, nachdem die Dokumente amtlich registriert wurden.

closing costs Kosten und Gebühren, die beim Immobilienkauf beglichen werden und zusätzlich zum Kaufpreis aufgebracht werden müssen.

closing statement ▶ *Siehe »HUD-1 settlement statement«*

cloud on title Ein möglicher Anspruch auf eine Immobilie von dritter Seite, der im Falle seiner Gültigkeit verhindern würde, dass der Käufer ein lastenfreies Eigentumsrecht erwirbt.

co-borrower ▶ *Siehe »co-mortgagor«*

collateral Schuldensicherheit. Im Falle einer Hypothek ist das die Immobilie.

commission Provision

commitment fee Diese Gebühr wird bezahlt, wenn Kreditnehmer und Kreditgeber sich auf einen Kredit, die Zinsrate und die *points* geeinigt haben bzw. wenn der Kreditgeber die Zinsrate für einen bestimmten Zeitraum garantiert.

common areas Gemeinschaftsanlagen im Rahmen einer Eigentümergemeinschaft bzw. Genossenschaft, die von allen Bewohnern genutzt und unterhalten werden, z.B. der Swimming Pool und die Fahrstühle in einem Gebäude mit Eigentumswohnungen.

co-mortgagor *(auch co-borrower)* Eine Person, die sowohl individuell als auch gemeinsam mit anderen zur Rückzahlung der Hypothek verpflichtet ist und die Miteigentümer der Immobilie ist. ► *Siehe auch »co-signer«*

comparable sales *(kurz: comps)* Jüngste Verkaufsdaten ähnlicher Immobilien in der gleichen Gegend, die zur Bestimmung des Marktwertes einer Immobilie herangezogen werden.

condominium *(kurz: condo)* Eigentumswohnung. Die Wohnung befindet sich im Individualbesitz, die Außenanlagen sind im Besitz der Eigentümergemeinschaft.

conforming loan Eine Hypothek, die den Richtlinien der *Federal National Mortgage Association* (FNMA) bzw. der *Federal Home Loan Mortgage Corporation* (FHLMC) unterliegt. ► *Siehe auch »non-conforming loan«*

construction loan Kurzfristiges Baudarlehen. Der Kreditnehmer erhält die Geldmittel fortlaufend, abhängig vom Baugeschehen. Nach Fertigstellung des Bauvorhabens muss der Kreditnehmer eine reguläre Hypothek aufnehmen bzw. das Baudarlehen komplett zurückzahlen.

consumer handbook on adjustable rate mortgages *(C.H.A.R.M.)* Eine Broschüre, die laut Gesetz jeder Person ausgehändigt werden muss, die einen Antrag auf eine *adjustable rate mortgage* (ARM) stellt.

contingency Eine Bedingung, die erfüllt werden muss, bevor ein Vertrag in Kraft tritt.

contract Vertrag

conventional loan Eine Hypothek, die nicht durch die *Veterans Administration* (VA) oder die *Federal Housing Administration* (FHA) abgesichert, garantiert oder finanziert wird.

convertible mortgage Eine *adjustable rate mortgage* (ARM), die zu einem bestimmten Zeitpunkt in eine *fixed-rate mortgage* umgewandelt werden kann.

cooperative (co-op) Genossenschaft

co-signer Eine Person, die als Bürge auftritt und die Hypothek abzahlen muss, falls der Kreditnehmer in Zahlungsverzug gerät, die jedoch kein Miteigentümer ist. ▶ *Vergleiche »co-mortgagor«*

county clerk ▶ *Siehe »recorder«*

covenants Regeln und Beschränkungen für die Nutzung einer Immobilie.

crawlspace Kriechkeller, der lediglich der Verlegung von Rohren und Kabeln dient.

credit history Kreditvergangenheit einer Person

credit report Detaillierte schriftliche Informationen zur Kreditvergangenheit einer Person, inklusive gegenwärtiger und vergangener Schulden und deren Begleichung.

debt Schulden

debt-to-income ratio Verhältnis aller Zahlungsverpflichtungen und Einkommen.

deed Das Dokument, das die Übertragung des Eigentumsrechtes an einer Immobilie beurkundet.

deed of trust Dieser Begriff wird in einigen Bundesstaaten an Stelle von *mortgage* verwendet.

delinquency Nichtzahlung der fälligen Rate zum vereinbarten Termin.

depreciation Wertverlust einer Immobilie.

discount points Ein Prozentanteil an der Kreditsumme, der dem Kreditgeber gezahlt wird, um die Zinsrate zu senken. Ein *point* ist ein Prozent der Kreditsumme.

down payment Der Anteil am Kaufpreis einer Immobilie, der in bar bezahlt wird.

due-on-sale clause Eine Klausel in der *mortgage* oder im *deed of trust*, das dem Kreditgeber das Recht gibt, bei Verkauf der Immobilie eine sofortige Zahlung der verbliebenen Schuldsumme zu verlangen.

duplex Eine Immobilie, die aus zwei Wohneinheiten besteht.

earnest money deposit Scheck in Höhe von ca. 1 Prozent des Immobilienpreises, der dem Kaufangebot beigegeben wird, um zu beweisen, dass dieses ernst gemeint ist.

easement Wegerecht, das z.B. Stromversorgern ermöglicht, Leitungen zu verlegen.

encroachment Bauwerk, das die Grenzen eines benachbarten Grundstücks verletzt.

encumbrance Sachverhalt, der das Eigentumsrecht an einer Immobilie in irgendeiner Weise einschränkt, z.B. eine Hypothek, Mietverträge oder Wegerechte.

Equal Credit Opportunity Act Dieses Gesetz schützt Kreditnehmer gegen Diskriminierung durch Kreditgeber u.a. aufgrund von Rasse, Hautfarbe, Geschlecht, Religion, Nationalität, Alter oder Familienstand.

equity Der Marktwert der Immobilie minus Schulden, also der Anteil an der Immobilie, den der Besitzer tatsächlich sein Eigen nennen kann und der sich mit jeder Ratenzahlung erhöht.

escape clause Klausel, die den Rücktritt vom Vertrag erlaubt, z.B. wenn der Käufer keinen Kredit bekommt.

escrow Geldbetrag, der bei einem Treuhänder hinterlegt wird, z.B. für die Begleichung von Steuern und Versicherungen.

eviction Zwangsräumung

fair market value Marktwert einer Immobilie. Basiert auf aktuellen Verkaufspreisen vergleichbarer Immobilien in der gleichen Gegend.

Fannie Mae Kurzname für Federal National Mortgage Association (FNMA).

Federal Home Loan Mortgage Corporation *(FHLMC* oder *Freddie Mac)* Staatlich finanzierte und beaufsichtigte Hypothekenbank, die Hypothekenkredite von Banken kauft und als Wertpapiere auf den Kapitalmarkt bringt.

Federal Housing Administration *(FHA)* Behörde im Bauministerium, deren Aufgabe es u.a. ist, Menschen mit niedrigem bzw. moderatem Einkommen durch Lohngarantien die Aufnahme einer Hypothek zu ermöglichen. ▶ *Siehe auch »FHA Loan«*

Federal National Mortgage Association *(FNMA oder Fannie Mae)* Staatlich gefördertes Finanzinstitut, das Hypotheken auf dem Sekundärmarkt handelt und viele Richtlinien für die Hypothekenvergabe ausarbeitet und dessen Hauptaufgabe die Bereitstellung von Finanzmitteln für Hypotheken ist.

fee simple Reinste Eigentumsform mit uneingeschränktem Recht, eine Immobilie zu bewohnen und jederzeit zu verkaufen.

FHA ▶ *Siehe »Federal Housing Administration«*

FHA loan Von der Federal Housing Administration (FHA) garantierte Kredite mit einer Anzahlung von nur 3,5 Prozent. Zudem braucht man weniger Bargeld für die *closing costs*, da diese zum Teil durch den Kredit abgedeckt werden können.

fifteen-year mortgage Eine Hypothek mit einer Laufzeit von 15 Jahren.

fixed-rate mortgage Eine Hypothek mit unveränderlicher Zinsrate.

flood insurance Versicherung, die von Kreditgebern verlangt werden kann, sollte sich die Immobilie in einem potenziellen Überschwemmungsgebiet befinden.

FNMA ▶ Siehe »Federal National Mortgage Association«

foreclosure Zwangsvollstreckung, die erfolgt, wenn ein Kreditnehmer mehrere Monate lang seinen Zahlungsverpflichtungen nicht nachkommt.

Freddie Mac Kurzname für Federal Home Loan Mortgage Corporation (FHLMC).

Ginnie Mae Kurzname für Government National Mortgage Association (GNMA).

good faith estimate Kostenvoranschlag für die Abschlussgebühren und für die monatlichen Kreditraten, den der Kreditgeber innerhalb von drei Tagen nach Antragstellung erteilen muss.

government loan (auch: government mortgage) Eine Hypothek, die durch die Federal Housing Administration (FHA) versichert bzw. durch das Department of Veterans Affairs (VA) oder den Rural Housing Service (RHS) garantiert wird. ▶ Vergleiche »conventional loan«

Government National Mortgage Association (GNMA oder Ginnie Mae) Staatseigene Finanzinstitution, die Hypotheken garantiert, die durch staatliche Behörden bereitgestellt werden, z.B. für ehemalige Militärangehörige.

graduated payment mortgage (GPM) Hypothek mit unveränderlicher Zinsrate, bei der man anfangs weniger und dann allmählich mehr pro Monat zurückzahlt.

hazard insurance Versicherung gegen Schäden an der Immobilie durch Feuer oder Unwetter. Geldgeber verlangen meistens, dass eine solche Versicherung zumindest die Schuldensumme abdeckt.

home equity loan Hypothek auf den Hauptwohnsitz des Schuldners, bei welcher der Eigenkapitalanteil an der Immobilie als Schuldensicherheit dient und die in der Regel aufgenommen wird, um Reparaturen zu finanzieren oder andere, höher verzinste Schulden zu begleichen.

home inspection Gründliche Untersuchung eines Hauses auf bauliche Mängel durch einen qualifizierten *home inspector*.

homeowners association Wohnungseigentümergemeinschaft

homeowner's insurance Versicherung gegen Diebstahl, Haftpflicht und Katastrophen.

homeowner's warranty Deckt mögliche Reparaturkosten an bestimmten technischen Anlagen, z.B. Heizung und Klimaanlage, für einen bestimmten Zeitraum ab. Viele Käufer verlangen im Rahmen der Preisverhandlung für eine Immobilie, dass der Verkäufer diese Versicherung bezahlt.

Housing and Urban Development (HUD) Diese Regierungsbehörde verwaltet die FHA, GNMA und andere Wohnungsbeschaffungssprogramme.

housing affordability index Vergleichszahl, die anzeigt, wie viele Käufer es sich leisten können, eine Wohnimmobilie zum Durchschnittspreis in einer bestimmten Gegend zu kaufen.

housing expenses-to-income ratio ▶ *Siehe »debt-to-income ratio«*

HUD ▶ *Siehe »Housing and Urban Development«*

HUD-1 settlement statement Dieses Dokument listet detailliert alle beim *closing* gezahlten Beträge auf.

income-to-debt ratio ▶ *Siehe »debt-to-income ratio«*

insurance ▶ *Siehe »homeowners insurance«*

interest Zinsen

interest cap ▶ *Siehe »cap«*

interest rate Zinsrate. ▶ *Siehe auch »annual percentage rate«*

joint tenancy Gemeinsames Besitzrecht an einer Immobilie. Wenn ein Partner stirbt, geht dessen Besitzrecht auf den anderen Partner über.

jumbo loan Kredit, der über den in staatlichen Richtlinien festgelegten Maximalbetrag für Hypotheken hinausgeht (2008: 417.000 Dollar)

key lot Grundstück, das aufgrund seiner Lage besonders wertvoll ist.

late charge *(auch: late fee)* Strafgebühr für das verspätete Begleichen einer Zahlungsverpflichtung, z.B. Kreditrate oder Miete

lease Mietvertrag

lender Kreditgeber

liabilities Finanzielle Verpflichtungen einer Person, inkl. Schulden und Unterhaltszahlungen.

liability insurance Haftpflichtversicherung. Diese ist normalerweise Bestandteil der *homeowner's insurance.*

lien Pfandrecht zur Sicherung einer Forderung (Hypothek, Steuern, Handwerkerrechnungen)

life-of-loan cap ▶ *Siehe »cap«*

liquidity Verfügbarkeit über ausreichende Zahlungsmittel

loan Kredit, Darlehen

loan discount ▶ *Siehe »points«*

loan officer Sachbearbeiter des Kreditinstituts

loan origination fee ▶ *Siehe »origination fee«*

loan servicer Die Firma, an die Sie Ihre Ratenzahlungen schicken und die Buch über Ihren Kredit führt. Diese kann während der Kreditlaufzeit mehrmals wechseln, da Banken die gemachten Kredite oft weiterverkaufen.

loan-to-value ratio (LTV) In Prozente ausgedrücktes Verhältnis zwischen der vorgeschlagenen Kreditsumme und dem geschätzten Wert der Immobilie. Wenn z.B. der geschätzte Wert einer Immobilie bei 100.000 Dollar liegt und ein Kredit für 75.000 Dollar aufgenommen werden soll, dann ergibt sich eine 75% *loan-to-value ratio.*

lock-in Eine bestimmte Zinsrate wird für einen Zeitrahmen garantiert, in dem der Kredit aufgenommen werden muss, um diese Zinsrate zu bekommen.

mobile home Transportable Wohneinheit, deren Inneneinrichtung mit einer Wohnung vergleichbar ist

mortgage Dokument, das eine Immobilie als Sicherheit

für einen Kredit ausweist. In einigen Bundesstaaten *first trust deed* genannt.

mortgage banker Ein Kreditinstitut, das Geld für eine Immobilienfinanzierung zur Verfügung stellt, z.B. eine Bank.

mortgage broker Vermittler zwischen Kreditnehmer und Kreditgeber. Ein *broker* vertritt normalerweise mehrere Kreditgeber und verlangt eine Gebühr für seinen Service.

mortgagee Kreditgeber

mortgage insurance (auch: *private mortgage insurance*) Diese Versicherung muss vom Kreditnehmer bezahlt werden, so lange der Eigenkapitalanteil an der Immobilie weniger als zwanzig Prozent beträgt.

mortgagor Kreditnehmer

negative amortization Diese tritt ein, wenn ein Schuldner die Zinsen nicht in voller Höhe zahlt, sondern diese der eigentlichen Schuldsumme (*principal*) hinzugerechnet werden, so dass diese am Ende größer ist als der ursprüngliche Hypothekenbetrag.

non-assumption clause Klausel, welche die Übernahme der Hypothek durch den neuen Immobilienbesitzer untersagt, so lange das Kreditinstitut nicht zustimmt.

non-conforming loan Eine Hypothek, die nicht im Einklang mit den Richtlinien der *Federal National Mortgage Association* (FNMA) oder der *Federal Home Loan Mortgage Corporation* (FHLMC) steht, z.B. *jumbo loans*. ▶ *Siehe auch »conforming loan«*

note Schuldschein

notice of default Schriftliche Mitteilung, dass einer Zahlungsverpflichtung nicht nachgekommen wurde und dass rechtliche Schritte eingeleitet werden.

origination fee Gebühr, die das Kreditinstitut für die Bereitstellung der Hypothek verlangt und die in der Regel zwischen 0,5 und 2 Prozent der Kreditsumme beträgt.

payment cap ▶ Siehe »cap«

P&I Kürzel für *principal* (Schuldbetrag) und *interest* (Zinsen).

PITI Kürzel für *principal* (Schuldbetrag), *interest* (Zinsen), *taxes* (Steuern) und *insurance* (Versicherung), aus denen sich oft die monatliche Ratenzahlung zusammensetzt.

PITIO Kürzel für *principal, interest, taxes, insurance* und *other monthly non-housing costs.*

points Im Voraus, bei Abschluss des Hauskaufs, bezahlte Zinsen. Ein *point* entspricht einem Prozent der Kreditsumme.

pre-approval Vorgenehmigung eines Kredites, nachdem die finanziellen Verhältnisse des Antragstellers geprüft wurden. ▶ Vergleiche »pre-qualification«

pre-manufactured home Wohneinheit, die ganz oder teilweise in einer Fabrik zusammengebaut wurde und dann vor Ort auf ein Fundament gesetzt wird.

prepayment Vorzeitiges Abzahlen der Schuldsumme.

prepayment penalty Gebühr, die möglicherweise bei einer vorzeitigen Abzahlung der Schuldsumme fällig wird.

pre-qualification Unverbindliche Festlegung eines potenziellen Kreditrahmens, nachdem die finanziellen Verhältnisse des Antragstellers oberflächlich geprüft wurden. ▶ *Vergleiche »pre-approval«*

prime rate Leitzinsrate. Nur die kreditwürdigsten Kunden kommen in den Genuss, diese für ihre Hypothek zu zahlen.

principal Der eigentliche Kreditbetrag (ohne Zinsen).

private mortgage insurance (PMI) ▶ *Siehe »mortgage insurance«*

property appraisal ▶ *Siehe »appraisal«*

property tax Grundsteuer

purchase agreement *(auch: sales agreement)* Kaufvertrag

quadruplex Eine Immobilie, die aus vier Wohneinheiten besteht.

rate cap *Siehe »cap«*

recorder *(auch: registrar of deeds oder county clerk)* Amtsperson, die Buch über die Immobilienkäufe führt.

recording Amtliche Eintragung von rechtlichen Dokumenten.

refinancing Umfinanzierung, Abbezahlen eines Kredites durch einen neuen Kredit mit günstigeren Konditionen, wobei die gleiche Immobilie als Sicherheit dient.

remaining balance Verbleibende Schuldsumme (ohne Zinsen).

RESPA Kürzel für *Real Estate Settlement Procedures Act.*

Dieses Gesetz ermöglicht Kreditkunden, die anfallenden Gebühren und Kosten zum Zeitpunkt der Beantragung und dann noch einmal vor dem *closing* einzusehen.

second mortgage Zweite, zusätzliche Hypothek, oft mit einer höheren Zinsrate und längeren Laufzeit als die Haupthypothek (*primary mortgage*).

secondary market Sekundärmarkt, auf dem staatlich kontrollierte Hypothekenfinanzierer wie GNMA, FHLMC und FNMA Hypotheken von sogenannten *primary lenders* (Banken, Credit Unions, etc.) in großem Umfang aufkaufen und dann an andere Investoren veräußern.

septic tank Klärbehälter für Häuser ohne Anschluss an die Kanalisation.

servicing Verwaltung der monatlichen Ratenzahlungen.

settlement costs ► Siehe »*closing costs*«

settlement sheet ► Siehe »*HUD-1 settlement statement*«

sole ownership Alleiniges Besitzrecht an einer Immobilie.

subdivision Eigenheimsiedlung

survey Überprüfung der Grundstücksgrenzen.

tax deed Schriftstück, das die Enteignung der Immobilie festlegt, falls die Grundsteuer nicht bezahlt wird.

tax savings Steuerersparnisse

tenancy in common Die Immobilie hat zwei oder mehr Eigentümer. Im Todesfall geht das Teileigentum des Verstorbenen jedoch nicht auf die anderen Eigentümer über, sondern wird vererbt. ► Vergleiche »*joint tenancy*«

title Besitzurkunde

title company Firma, die auf die Nachprüfung von Eigentumsrechten an Immobilien spezialisiert ist.

title insurance Diese Versicherung wird für den Fall, dass dennoch unerwartete Probleme mit dem Eigentumsrecht an der Immobilie auftauchen sollten, abgeschlossen.

title search Gründliche Nachforschung im Grundbuch, ob es Probleme irgendwelcher Art mit den Eigentumsrechten an der Immobilie gibt.

townhouse Reihenhaus

trailer park Siedlung, die aus *mobile homes* besteht.

transfer of ownership Übertragung der Eigentumsrechte.

triplex Eine Immobilie, die aus drei Wohneinheiten besteht.

Truth In Lending Act Dieses Gesetz verpflichtet Kreditgeber, dem Kreditsuchenden die *Annual Percentage Rate* (effektiver Jahreszins) und andere Kosten innerhalb von drei Arbeitstagen nach Eingang des Kreditantrags (*loan application*) mitzuteilen.

two-step mortgage Eine Form der *adjustable-rate mortgage* (ARM), die eine bestimmte Zinsrate am Anfang der Laufzeit hat und eine andere Zinsrate für die verbleibenden Jahre.

underwriter Sachbearbeiter, der eine Hypothek genehmigt oder ablehnt und dabei Faktoren wie die Kreditvergangenheit, das Beschäftigungsverhältnis sowie die Ersparnisse bzw. Schulden des potenziellen Kreditnehmers berücksichtigt.

Uniform Settlement Statement Dieses standardisierte Dokument, das durch das *Real Estate Settlement Procedures Act* gesetzlich vorgeschrieben ist, enthält Informationen für das *closing* und muss sowohl Käufer als auch Verkäufer ausgehändigt werden.

utility costs Kosten für Wasser, Strom, Gas, etc.

VA loan Hypothek, die durch die *Veterans Administration* (VA) garantiert wird und für die keine Anzahlung notwendig ist.

variable rate mortgage (VRM) *Siehe »adjustable rate mortgage«*

walk-through Besichtigung der Immobilie durch den Käufer unmittelbar bevor diese den Eigentümer wechselt und der Vertrag für die Hypothek unterschrieben wird.

warranty deed Dieses Dokument schützt den Käufer vor allen Ansprüchen auf die Immobilie.

zoning Festlegung eines Bebauungsplans durch die lokale Verwaltung, insbesondere *residential use* (Wohnbezirk) und *commercial use* (kommerzielle Nutzung).

Nützliche Webadressen

Credit Report (einmal im Jahr kostenlos)

▶ WWW.ANNUALCREDITREPORT.COM

Credit Report und Credit Score (gebührenpflichtig)

▶ WWW.EQUIFAX.COM

▶ WWW.EXPERIAN.COM

▶ WWW.TRANSUNION.COM

Informationen zum Thema Kredite

▶ WWW.BANKRATE.COM

▶ WWW.HOMELOANS.VA.GOV

▶ WWW.RURDEV.USDA.GOV

Immobiliensuche

▶ WWW.REALTOR.COM

▶ WWW.REALESTATE.COM

▶ WWW.REALTYTRAC.COM

Informationen zu einzelnen Städten (inkl. Kriminalitätsrate)

▶ WWW.NEIGHBORHOODSCOUT.COM

▶ WWW.CITY-DATA.COM

▶ WWW.BESTPLACES.NET

Umzug von Europa in die USA

▶ WWW.BRAUNS-INTERNATIONAL.DE

▶ WWW.FROEDE.DE

▶ WWW.HARTMANN-INTERNATIONAL.DE

▶ WWW.HERTLING.COM

▶ WWW.HUEBNER-FRACHTENKONTOR.DE

▶ WWW.INTERFRACHT.DE

▶ WWW.SCHENKER.AT

▶ WWW.SCHENKER.CH

▶ WWW.SCHENKER.DE

▶ WWW.UMZUG-UEBERSEE.DE

Innerhalb der USA umziehen

▶ WWW.BUDGETTRUCK.COM

▶ WWW.MOVERSUSA.COM

▶ WWW.MOVING.COM

▶ WWW.PENSKETRUCKRENTAL.COM

▶ WWW.RYDER.COM

▶ WWW.UHAUL.COM

Instandhaltung und Renovieren

▶ WWW.DOITYOURSELF.COM

▶ WWW.HOMEDEPOT.COM

▶ WWW.LOWES.COM

▶ WWW.ACEHARDWARE.COM

▶ WWW.SAFELAWNS.ORG

Möbel und Geräte

▶ WWW.IKEA.COM

▶ WWW.ABCWAREHOUSE.COM

▶ WWW.BOSCHAPPLIANCES.COM

▶ WWW.MIELE.COM

▶ WWW.CONSUMERREPORTS.ORG

Vermieten

▶WWW.CRAIGSLIST.ORG

▶WWW.RENT-RIGHT.COM

▶WWW.PUBLICRECORDSOURCES.COM

Rechtliches

▶WWW.FINDLAW.COM

Maßeinheiten umrechnen

▶WWW.ONLINECONVERSION.COM

Erfahrungsaustausch mit Deutschsprachigen in den USA

▶WWW.GERMANICANS.COM

▶WWW.TALKABOUTUSA.COM

Checklisten

Die nachfolgenden Checklisten sollen Ihnen helfen, sich einen Überblick über Ihre finanziellen Möglichkeiten und über Ihre konkreten Vorstellungen von dem gewünschten Wohneigentum zu verschaffen. Ferner sind es hilfreiche Gedankenstützen für einen besseren Überblick über die bereits besichtigten Immobilen.

Checkliste Finanzen

Tragen Sie hier die zutreffenden monatlichen Werte ein.

Ratenzahlungen Kreditkarten	
Ratenzahlungen/Leasing Auto	
Ratenzahlungen Studiendarlehen	
Unterhaltszahlungen	
Andere Schulden	
Monatliche Zahlungen für Schulden insgesamt	

Bruttoeinkommen	
Ersparnisse	
Credit Score	

Checkliste – Was für eine Immobilie soll es sein?

Tragen Sie hier Ihre Wünsche ein und teilen Sie diese Ihrem *real estate agent* beim ersten Treffen mit.

Haus, Reihenhaus oder Eigentumswohnung	
Neu oder gebraucht	
Preisgrenze	
Ort	
Lage und Verkehrsanbindung	
Nähe zu Kindergarten oder Schule	
Architektonischer Stil	
Baumaterial	
Zahl der Wohneinheiten (falls Mieteinkünfte gewünscht sind)	

Mindestzahl der Zimmer

Grundstücksgröße

Garage

Garten

Zahl/Alter der Kinder, die bei
Ihnen wohnen werden

Haustiere, die mit Ihnen leben

Checkliste Hausbesichtigung

Machen Sie sich Kopien von dieser Checkliste und füllen Sie eine für jedes Haus bzw. Reihenhaus, das Sie besichtigen, aus.

Datum	
Adresse	
Lage	
Gebraucht oder neu	
Alter der Immobilie	
Preis	
Steuern	
Eigentumsform (privat, condo oder co-op)	
Gebühren der Wohneigentümer-gemeinschaft (falls vorhanden)	
Verkäufer (Privatperson, Bauherr oder Bank)	
Anzahl der Stockwerke	
Anzahl der Wohneinheiten	
Gesamtzustand der Immobilie	
Baumaterial	
Fundamenttyp	

Anschluss an Wasserversorgung	
Anschluss an Abwasserentsorgung	
Zustand des Dachs	
Zustand der Regenrinnen	
Zustand der Verkleidung	
Zustand der Fenster	
Art der Heizung	
Alter der Heizung	
Heizkosten	
Klimaanlage	
Energiekosten	
Fläche des Wohnraums	
Anzahl der Zimmer	
Helligkeit	
Wasserschäden an der Decke	
Anzahl/Größe der Badezimmer	
Lage der Badezimmer	
Zustand der Badezimmer	
Badewanne oder Dusche	

Größe der Küche	
Ausstattung der Küche	
Elektro- oder Gasherd	
Alter/Zustand der Kücheneinrichung	
Fußbodenbelag Küche	
Abstellkammer	
Größe des Wohnzimmers	
Fußbodenbelag Wohnzimmer	
Kamin	
Kabelfernsehen	
Lage des Schlafzimmers	
Fußbodenbelag Schlafzimmer	
Begehbare Kleiderkammer	
Bewohnbarkeit des Kellers	
Feuchtigkeit im Keller	
Waschmaschine/Trockner	
Dachboden	
Größe und Art der Veranda	
Größe des Grundstücks	
Zustand des Grundstücks	

Zaun	
Zustand der Auffahrt	
Größe und Zustand der Garage	
Andere Parkmöglichkeiten	
Zustand der Nachbarhäuser	
Auffällige Nachbarn	
Kinderfreundlichkeit der Nachbarschaft	
Haustierfreundlichkeit	
Verkehrslärm	
Straßenzustand	
Fluglärm	
Geruchsbelastung	
Anfahrtsweg zur Arbeit	
Entfernung Kindergarten/Schule	
Entfernung zu Krankenhaus/ Notaufnahme	

Checkliste Wohungsbesichtigung

Machen Sie sich Kopien von dieser Checkliste und füllen Sie eine für jede Eigentums- oder Genossenschaftswohnung, die Sie besichtigen, aus.

Datum	
Adresse	
Etage	
Lage der Immobilie	
Preis	
Gebraucht oder neu	
Verkäufer (Privatperson, Bauherr oder Bank)	
Eigentumsform (condo oder co-op)	
Monatliche Kosten Wohneigentümergemeinschaft	
Alter der Immobilie	
Baulicher Gesamtzustand	
Anzahl der Stockwerke	
Gemeinschaftsanlagen	
Anzahl der Wohneinheiten	

Energiesparfenster	
Art der Heizung	
Heizkosten	
Klimaanlage	
Energiekosten	
Fläche des Wohnraums	
Anzahl der Zimmer	
Helligkeit	
Wasserschäden an der Decke	
Zahl/Größe der Badezimmer	
Lage der Badezimmer	
Zustand der Badezimmer	
Badewanne oder Dusche	
Größe der Küche	
Ausstattung der Küche	
Elektro- oder Gasherd	
Alter/Zustand der Kücheneinrichung	
Fußbodenbelag Küche	
Abstellraum	

Waschmaschine/Trockner	
Größe des Wohnzimmers	
Fußbodenbelag Wohnzimmer	
Kamin	
Kabelfernsehen	
Lage des Schlafzimmers	
Fußbodenbelag Schlafzimmer	
Begehbare Kleiderkammer	
Veranda/Balkon	
Parkmöglichkeit	
Fahrstuhl	
Kinder erlaubt	
Hunde erlaubt	
Katzen erlaubt	
Zustand der Nachbarhäuser	
Auffällige Nachbarn	
Kinderfreundlichkeit der Nachbarschaft	
Verkehrslärm	
Straßenzustand	
Fluglärm	

Geruchsbelastung

Anfahrtsweg zur Arbeit

Entfernung zu Kindergarten/
Schule

Entfernung zu Krankenhaus/
Notaufnahme

Stichwortverzeichnis